GEKKENH

DJ JEAN

&

VICTOR MASTBOOM

Gekkenhuis!

XANDER

CLOUD 9 BOOKS

Uitgegeven door Xander Uitgevers BV
Hamerstraat 3, 1021 JT Amsterdam

www.xanderuitgevers.nl

in samenwerking met Cloud 9 Books
Pilotenstraat 6k, 1059 CJ Amsterdam

Omslagontwerp: Studio Marlies Visser
Omslagbeeld: Michel Klink Fotografie

Zetwerk: Michiel Niesen, ZetProducties

Eerste druk 2018

ISBN 978 90 8272 300 7 | NUR 320

VOORWOORD

Kinderen die enig kind zijn, leven anders dan kinderen uit een groot gezin. Ik spreek uit ervaring, want ik heb zelf ook één kind. Die zetten hun eigen koers uit en volgen die, *no matter what*. Ze bereiken hun doel. Dat geldt ook voor Jan. Al op zijn achttiende wist hij precies wat hij wilde: een auto, rijkdom, aandacht, vrouwen. Hij wilde kortom genieten van alles wat het leven te bieden heeft en is daar heel goed in geslaagd. Hij kan echt zeggen: ik leef zoals ik zelf wil.

Jan is een man van weinig woorden. Hij is van nature meer beschouwend, maar als hij iets zegt, dan is het altijd raak. Hij is gesteld op zijn privacy en voelt meteen aan wanneer mensen niet in zijn zone zitten. Die stoot hij af. Zit je wel in zijn zone, dan omarmt hij je en zal hij je nooit laten vallen. Zo heeft hij ook mij nooit laten vallen, ondanks wat er over mij in het verleden werd geroepen. Hij beschermde me als zijn vriend en mentor. Jaren geleden leerde hij bij mij de kneepjes van het vak. Ik heb waanzinnig veel met hem meegemaakt en als ik iemand een eigen boek gun, dan is het Jan. Hij weet wat muziek is, kan fantastisch scratchen en is een top-dj. Hij bewijst zichzelf iedere keer weer, waar hij ook staat.

Robin Albers (Jaydee)

VOORAF

'Sinds een jaartje draag ik contactlenzen. Het klinkt misschien bizar, maar dit gegeven is een uiterst belangrijk keerpunt in mijn leven gebleken. Door dat plotselinge mindere zicht van dichtbij, wat heel normaal is op mijn leeftijd, besefte ik nog maar eens te meer dat het vanaf nu fysiek alleen nog maar bergafwaarts zal gaan. In de supermarkt kon ik de ingrediënten en de houdbaarheidsdatum op de potjes niet meer lezen. Mijn moeder raadde me een leesbrilletje aan, en inderdaad, toen zag ik alles weer. Ik kon het niet geloven, het greep me erg aan en ik raakte in een soort depressie. Dat brilletje vertikte ik en plein public op te zetten, daarmee wilde ik absoluut niet worden gezien. Ik schaamde me kapot. Als ik uit eten ging, bestelde ik iets waarvan ik wist dat ze het hadden, omdat de menukaart één grote brij was. Het ergste was dat ik tijdens het draaien nauwelijks zag welke tracks ik voor me had. Mensen vroegen verzoekjes aan en lieten dan op hun telefoon het nummer zien dat ze wilden horen. "Ja, is goed," zei ik dan, "die plaat komt zo." Die plaat kwam natuurlijk nooit, want ik kon absoluut niet lezen om welke track het ging.

Dat mijn ogen achteruitgaan is logisch, maar daardoor word je wel weer even met je neus op de feiten gedrukt dat je, in ieder geval fysiek, ouder wordt en zeker niet eeuwig jong kan blijven. Verschrikkelijk. Ik hang zo aan dat dj-leven. Ik maak geen fases door, mijn leven is één permanente roes vol gekte. Er verandert nooit wat en dat wil ook niet, want het is geweldig zoals het nu is. Met het ouder worden breekt er een volgende fase aan en ik heb geen flauw idee hoe die eruit zou moeten zien. Sinds mijn twintigste leef ik het leven dat ik nu nog steeds leef, inclusief alle gekkigheid qua vrouwen, leuke auto's en alle andere gekkigheid eromheen. Daarom baalde ik zo van dat brilletje. Het is toch een beetje het begin van het einde hè, haha.

Contactlenzen waren eerst geen optie, want het leek me niks om aan mijn oogbollen te moeten zitten. Het heeft anderhalve maand geduurd voor het lukte om ze in en uit te krijgen. Nu gaat het zonder moeite. Die lenzen hebben mij mijn kwaliteit van leven teruggegeven. Zodra ik wakker word doe ik ze in en dan ben ik weer mens. Net voor het slapen doe ik ze uit. Behalve in het weekend, want als ik bezopen ben dan vergeet ik dat. Dat is best een dure hobby: in plaats van één setje per maand verslijt ik er vier of vijf. Bij de opticien vroegen ze wat ik er telkens mee uithaal. Nou ja, gewoon die lenzen kats van de kaart inhouden en dan drogen ze vanzelf uit.

Hoeveel beroepen zijn er waarbij je tijdens het uitoefenen ervan een fles wodka naar binnen kan werken? Ik denk dat ik het enige beroep heb waarbij dat kan, en alleen al daarvan word ik zielsgelukkig.'

1

DJ FRESH FORCE

'Johannes Lambertus Hubertus Engelaar. Een echte katholieke naam, al gingen we slechts één keer per jaar naar de kerk, en dat was met Kerstmis. Wel was ik altijd bezig om houvast en steun te krijgen van een hogere macht. Ik zag dat pad van volwassen worden helemaal niet zitten en wist absoluut niet wat ik moest met mijn leven. Laat mij iets doen waarbij ik niet hoef te werken en toch een leuk leven heb, hoopte ik toen. Laat me iets anders zijn dan alle anderen, iets excentrieks.

Dat is uitgekomen. Ik leid mijn gedroomde leven, terwijl dat helemaal niet voor de hand lag. Als je uit Rhenen komt en je hebt de MEAO gedaan, dan word je vertegenwoordiger of je belandt op het gemeentehuis. Gelukkig zijn mijn gebeden verhoord. Misschien wel dankzij mijn opa of een of andere aartsengel, want het kan niet anders dan dat iemand mij bijstaat. Ik had al honderd keer dood kunnen zijn vanwege dat zuipen, autoracen en allerlei bizarre gebeurtenissen gerelateerd aan het jaren en jaren *on tour* zijn.'

'Veel mensen uit Veenendaal zien mij als mede-Veenendaler, en mensen uit Rhenen beschouwen mij als Rhenenaar. De waarheid ligt in het midden. Het Juliana-ziekenhuis waar ik geboren ben, op 7 mei 1968, staat zo'n beetje op de grens van die twee plaatsen. Iedereen die in het ziekenhuis ter wereld komt, heeft Veenendaal in zijn paspoort staan, ook al heeft hij er nooit gewoond. Ik ben dus geboren in Veenendaal, maar kom uit Rhenen.

We hebben een kleine familie en gingen nauwelijks om met mijn ooms en tantes. Zowel aan moeders als aan vaders kant. Er was geen haat of nijd, het ging gewoon zoals het liep. We hadden wel intensief contact met mijn beide oma's en opa's. De vader van mijn moeder was brandweercommandant in Veenendaal. Omdat mijn ouders allebei werkten, heb ik daar in mijn jonge jaren heel veel tijd doorgebracht. Die opa had een waanzinnige BMW-motor, dat vond ik een fantastisch ding. Misschien verklaart die motor mijn liefde voor snelheid. De brandweerkazerne had een uitkijktoren, dat was natuurlijk geweldig om te beklimmen. Opa Jo was een lastige man, zeker met een paar jenever op. Mijn ouders lagen vaak met hem in de clinch, maar ik had echt een zwak voor hem. Tot op de dag van vandaag voel ik een soort magische, bovenaardse band.

Mijn vader had een voegersbedrijf, samen met zijn neef en zijn broer. Tot drie jaar terug stond hij nog op de steigers, hij was elke dag van zeven tot zeven op pad. Lovenswaardig. Mijn moeder heeft jaren in een parfumeriezaak gestaan. Toen ik wat bekender werd, kwamen mensen daar speciaal een parfummetje halen. Met mijn moeder kon ik goed opschieten, ik was wat minder hecht met mijn vader. Voor mijn gevoel was het niet een traditionele band zoals anderen die met hun ouders hebben. Dat lag echt niet alleen aan hen, beetje de aard van het beestje ook. Het was niet vervelend of zo, maar ik was altijd heel erg op mezelf. Als ik thuis was, dan zat ik het liefst op mijn eigen kamer. Later kwam ik erachter dat sommige vrienden en vriendinnen wél een emotionele en intensieve band met hun ouders hadden. Wij knuffelden nooit, dat zat niet in het systeem. Ik ben graag alleen en los dingen altijd zelf op. Ik moet wel zeggen dat die band door de loop der jaren alleen maar verbeterd is en hechter is geworden, ik waardeer mijn ouders nu ook meer dan ooit tevoren en zou niet zonder ze kunnen.

Ik heb van jongs af aan moeite gehad met gezelschappen, zelfs tot vandaag de dag nog. Een beetje gezellig moeten doen, daar heb ik niks mee. Eén op één vind ik het prima om met iemand te spreken, maar gezelschapsgesprekken trek ik niet zo goed. Misschien ligt dat aan het feit dat ik het liefst zelf aan het woord ben, en als de aandacht van mensen verslapt, dan raak ik gepikeerd. Daarom spreek ik mensen liever één op één. Als kind had ik altijd het idee dat er niet naar mij werd geluisterd. Voor mijn gevoel had ik veel inzichten, maar waren volwassenen er niet in geïnteresseerd.

Het feit dat ik een bekende dj ben geworden, waardoor ik automatisch vaak in grote gezelschappen beland, heeft er wel enigszins toe bijgedragen dat ik nu ook in groepsgesprekken aardig uit de voeten kan. De mensen hangen daardoor over het algemeen toch een stuk sneller aan je lippen.'

'De plek waar ik opgroeide was fantastisch. School vond ik niks, maar het buitenspelen met vriendjes, daar keek ik echt naar uit. Bij mij in de buurt woonden veel kinderen, dus dat was dikke pret. Het ene jaar was voetballen in, dan weer rolschaatsen en dan weer hockey. We waren altijd buiten, of het nou donker, winter of ijskoud was. Lekker boomhutten bouwen of crossen op van die BMX-fietsen. Het was niet altijd dikke mik, we maakten onderling ook wel eens ruzie. Zo ben ik door een glazen deur gevlogen die iemand die ik achterna zat dichtgooide. Als je naar mijn handen kijkt, zie je nog steeds de littekens van de hechtingen.'

'Na de lagere school ging ik naar de mavo. In de klas verbaasde ik me altijd over hoe lang zo'n dag kon duren. Het enige wat ik leuk vond, was taal. Alle exacte vakken gingen aan mij voorbij, rekenen was bijvoorbeeld een kansloze missie. Ook heb ik geen enkel ruimtelijk inzicht. Als ik bij de post een doosje in elkaar moet vouwen, dan breekt het zweet me uit. Misschien heb ik wel te veel oestrogeen. Op school deed ik geen ene reet en ben ik al spiekend van klas naar klas gegaan.

Er was één ding waaraan ik een nog grotere hekel had dan aan op school zitten: huiswerk maken. Ik verzon allerlei smoesjes om eronderuit te komen. Pas een paar dagen voor proefwerken en tentamens begon ik wat te doen. Op mijn rapporten stond dan ook steevast: "Jan kan veel beter, maar dan moet hij wel zijn best doen." Ook op de MEAO in Utrecht zat ik de uren af te tellen. Het was een kwelling. Al die lessen waren niet aan mij besteed. Wat betekent een opleiding nou helemaal? Het echte leven leer je door te leven, niet door te studeren. Ik kom regelmatig op plekken met slimme, hoogopgeleide mensen die totaal niet wereldwijs zijn. Over heel veel zaken kan ik prima meepraten en dan zie ik ze kijken: hoe weet hij dat allemaal? Dat is nou een kwestie van wereldwijsheid.'

PRONKSTUK

'Hoewel we niet rijk waren, hebben mijn ouders hebben me altijd verwend. Ik heb een paar jaar aan wielrennen gedaan en de meeste racefietsen waren duur, die kostten 1000 of 1500 gulden. Van mijn vader kreeg ik een Alpina-fiets. Dat was een schitterend ding, maar wel een van de goedkopere. Ik reed erop tijdens de lokale jeugdronde, het bekende rondje rond de kerk. Prompt won ik die wedstrijd, want ik kon toen echt hard fietsen. Na afloop liep ik dus vol trots rond met de fiets aan mijn hand. En ik zal nooit meer vergeten hoe een stel oudere, semiprofessionele renners riepen: "Zo, jij hebt een mooie Alpina-fiets!", en daarna in lachen uitbarstten. Dat heeft me toen echt geraakt. Ik dacht dat ze het meenden, maar ze namen me in de maling. Kort daarvoor hadden mijn vader en ik op een wielerbeurs een peperdure Koga Miyata gezien die ik heel graag wilde hebben, maar het werd dus een Alpina. Die Koga Miyata is altijd in mijn hoofd blijven zitten en vijftien jaar geleden heb ik het duurste exemplaar gekocht: 7000 euro. Daar heb ik misschien twee keer op gezeten, maar hij heeft wel tien jaar als pronkstuk bij mij in de woonkamer gestaan. Ik moest en zou daarmee dertig jaar na dato alsnog een statement maken, voornamelijk voor mezelf.'

'Vanaf mijn zestiende gingen we op vrijdag en zaterdag altijd uit in Zeist. Daar gingen we met de bus vanuit Rhenen naartoe. Ik kocht meestal voor vijf gulden een fles Martini of Apfelkorn en dronk die al wachtend stiekem achter de grote zwerfkei bij de bushalte op. In Zeist had je een straat vol barretjes die dan vol zaten met scholieren. Om 01.00 uur pakten we meestal de laatste bus terug naar huis. Achter de bushalte lagen tennisbanen en soms gingen we snel voordat de bus kwam even neuken op het gravel. Zo ging dat destijds onder elkaar, de jeugd is nu een stuk preutser denk ik, maar toen was dat gewoon normaal. Al die jongens pakten de meisjes en de meisjes pakten de jongens.

De terugreis was een soort afvalrace langs Zeist, Driebergen, Doorn, Maarn, Leersum, Amerongen, Elst, Rhenen. Bij ieder dorp ging er iemand van mijn vriendenclub uit, tot ik alleen overbleef. Meer dan eens kreeg ik een conflict met de buschauffeur en werd de politie erbij gehaald. Officieel moest die bus nog een rondje door Rhenen maken voordat hij naar de remise kon, maar daar hadden de chauffeurs 's nachts vaak geen zin in en dan zeiden ze dat ik eerder moest uitstappen. Dat trok ik niet als ik gezopen had, dus dan trapte ik tegen de bus of gooide er nog een steen tegen. De verhoudingen stonden sowieso al op scherp als we instapten en ons buslied aanhieven: "Hé buschauffeur, we gaan je busje slopen, hé buschauffeur..." Vijftien van die schreeuwende, dronken tieners, dat was natuurlijk vrij intimiderend. Als ik dan in mijn eentje kwam te zitten, dan greep zo'n kerel zijn kans om wraak te nemen.'

ALL STAR FRESH

'Aan het eind van de mavo raakte ik geïnteresseerd in muziek. Op zondagmiddag werd bij de AVRO *And The Beat Goes On* op de radio uitgezonden. Dat programma werd gemaakt door Leo Cotine, Peter Duijkersloot en Ton Poppes. Ik besefte niet dat ik die drie later nog regelmatig zou tegenkomen. Leo draaide in Cartouch in Utrecht, Peter had Rhythm Import in Amsterdam en Ton was eigenaar van Cartouch en begon in 1989 de Escape. Samen met Veronica's *In The Mix* van Ben Liebrand was *And The Beat Goes On* een van de eerste radioshows die bestonden uit lange mixen, een soort dj-sets dus.

Ik was verslaafd aan die programma's en wilde ook zo kunnen draaien. Aan Sinterklaas vroeg ik een pick-up en kreeg er warempel een. Maar met één speler kun je natuurlijk niet mixen, dus niet veel later kwam er een mengpaneel en een tweede pick-up bij. Die platenspelers werden aangedreven door een snaar en hadden een ontzettend lullige pitchcontrol. Het probleem van snaar aangedreven pick-ups is dat ze nooit even snel draaien, hierdoor lopen de beats dan maar kort gelijk. Dan leer je wel mixen natuurlijk. Ik stond dagenlang te oefenen. Met wat vrienden uit Amerongen ging ik af en toe naar Amsterdam om platen te kopen. Veel geld hadden we niet, dus dan kochten we er hoogstens één of twee. In eerste instantie draaide ik veel Italo, een campy elektronische substroming van disco. Denk aan het nummer "Happy Station" van het duo Fun. Ook draaide ik vaak Dan Hartman en Divine, zeg maar de campy kant van disco.'

MIJN BH

'Niet veel later kreeg Robin Albers een radioshow met veel disco, dance en hiphop. In de rubriek AVROs *Driemaal Doordraai* mocht onbekend talent drie platen mixen en als hierin hiphop werd gebruikt, dan vond ik dat fantastisch. Dus ben ik geswitcht van Italo naar rap, ook omdat je veel meer mogelijkheden achter de draaitafels had. Scratchen hoorde echt bij hiphop en dat gaf je set echt wat extra's. Bij mijn ouders thuis staan nog zo'n drieduizend hiphopplaten op zolder. Een gouden collectie met 12-inches van Sugar Hill Gang en Grandmaster Flash, Public Enemy, De La Soul en Tuff Crew. Ik was ook een groot fan van Mantronix, daarvan had ik allemaal stiksels op mijn baseballjack genaaid. Mijn grote Nederlandse voorbeeld was All Star Fresh, die ook optrad als King Bee. Ik zag hem wel eens in Amsterdam als ik daar platen ging kopen. Hij liep daar dan met een heel gevolg, dus dat maakte veel indruk. Hij droeg altijd een rode jas met op de achterkant heel groot zijn artiestennaam. Daar spiegelde ik me aan, dat wilde ik ook en ik bedacht in het verlengde van All Star Fresh mijn eigen artiestennaam: Fresh Force. En natuurlijk kwam die naam op de achterkant van mijn rode baseballjack te staan.

De kledingstijl die ik toen ontwikkelde, heb ik nog steeds. De basics bestaan uit een gescheurde spijkerbroek, een T-shirt, een baseballjack en later kwam er een petje bij. Het is af en toe wel kolderiek, want ik draag deze outfit zelfs op begrafenissen, bruiloften en andere officiële of dresscodegelegenheden, onder het motto "take me as I am, oftewel: that's me!" Wat betreft merken ben ik een volger. Ik kijk wat er leeft onder jongeren en daar sluit ik me bij aan, tenminste, als ik het leuk vind. Een paar jaar geleden was Ed Hardy in, nu is het Deus en Philipp Plein. Soms zijn er merken waar ik niks in zie, die laat ik dan links liggen. Het voordeel is dat je alléén al door je aan te passen aan trendy en jeugdige kledingmerken je er zelf ook automatisch direct tien jaar jonger uitziet. Alles wat ik koop zoek ik met zorg uit. Het is soms dure kleding, maar het gaat altijd lange tijd mee, dus dat scheelt een hoop geld. Het liefst draag ik altijd hetzelfde. Gewoon hetzelfde shirtje en dezelfde broek. Dat kan prima, want in clubs wordt er nauwelijks meer gerookt en ik zweet nooit. Mijn shirtjes worden daarom niet zo snel vies op de plekken waar ze bij andere mensen wel vies worden. Dus als ik de volgende dag wakker word, dan pak ik gewoon het shirtje van de dag ervoor, haha. Het valt niet op, want de ene dag sta ik in Groningen en de andere dag in Maastricht. Begin jaren negentig ben ik een pet gaan dragen. Waarom weet ik niet, het heeft in ieder geval niks met kaalheid te maken. Destijds had ik nog geen inhammetjes.

Eén à twee keer per jaar wordt mijn pet afgepakt. Die pet maakt deel uit van mijn imago. Als je die afpakt, dan zoek je dus problemen. Je wilt dan dus stoer doen tegenover je vrienden en dan voel ik mij geroepen om stoer terug te doen. Zo'n gastje pak ik dan bij zijn nekvel of gooi ik tegen de muur aan. Vorig jaar had ik het een keer in club Bubbels, een gozer pakte m'n pet en hield hem achter zijn rug. Die zal dat nooit meer doen, dat heb ik hem wel duidelijk gemaakt. Maar het is raar, want je trekt toch ook niet bij een vrouw haar bh voor de lol naar beneden? Die pet is mijn bh. Vrouwen doen het bijna nooit, dat is slechts drie keer in mijn carrière voorgekomen. De laatste keer was in Hilversum, ook weer die pet achter de rug houden. Ja, toen ging die bh dus naar beneden. Als je mij voor lul zet, zet ik jou ook voor lul.

Het is niet zo dat ik niet zonder pet gezien wil worden. De helft van de week loop ik zonder over straat. Maar als mensen dan met me op de foto willen, vragen ze juist of ik mijn pet wél even wil opzetten. Anders lijk ik niet op DJ Jean. Mensen twijfelen of ik het wel ben als ik geen pet opheb. Ik word vaker aangesproken dan wanneer ik hem wel opheb. En die zonnebril hoort er ook bij. Die moet ik dan van het publiek opzetten, anders voldoe ik niet aan het bekende plaatje dat ze van mij hebben.'

VOOR HET EERST BETAALD

'Op mijn zestiende vond ik mijn mixen goed genoeg om naar Robin Albers te sturen. Kennelijk was hij gecharmeerd van mijn cassettebandjes, want hij nodigde me uit om naar de studio in Hilversum te komen. Geweldig natuurlijk, want ik keek tegen Robin op. Hij is twaalf jaar ouder en woonde ook in Rhenen.

Ondanks de zenuwen ging het mixen goed, en daarna mocht ik vaker langskomen om te draaien, wat natuurlijk erg goed was voor mijn naamsbekendheid. Het leverde me mijn eerste betaalde dj-gig op in de tent waar ik toen zelf al elke week uitging: in L'Etoile in Zeist, een bar-dancing. Ik mocht daar van de dj af en toe wat plaatjes opzetten. Die kerel heette Hendrik en verpersoonlijkte alles wat ik wilde zijn: een dj in een populaire tent. Terugkijkend deed hij dat draaien er gewoon een beetje bij, dat was natuurlijk niet een fulltimebaan, maar ik vond het prachtig als hij er even genoeg van had en ik voor hem mocht invallen. In L'Etoile kwamen de kakkers, in de bar-dancing ertegenover, La Dada, kwam het gewone volk. De eigenaar daarvan zag mij in L'Etoile draaien en had me ook op de radio bij Robin gehoord. Of ik een residentie wilde in La Dada. Ja, dat zag ik natuurlijk wel zitten. Wie er op de dansvloer stond maakte me niet uit, als ik maar een vaste plek had. Bovendien kon ik er van 23.00 tot 04.00 uur 's nachts draaien, hetzelfde als later in de iT. Het was geweldig, ik kreeg voor het eerst betaald voor mijn hobby.

Er waren nog wel meer plaatsen waar ik toen ontzettend graag wilde draaien. Cartouch in Utrecht bijvoorbeeld, dat was het summum. Op dinsdag werd daar Eurochart opgenomen met Linda de Mol. Hetzelfde gold voor de Manhattan in Arnhem, daar stonden we altijd te kijken hoe Twan Krebbers draaide, later eigenaar van de fameuze Matrixx in Nijmegen, en nu organiseert hij onder andere het festival Emporium. Het mooie was dat ze me een paar jaar later, dankzij mijn inmiddels door de iT opgebouwde faam, smeekten of ik in die tenten kon komen draaien. Dat was een vervulling van mijn dj-droom. Ik stond op de plekken waar ik eerst liep te kwijlen als ik er binnenkwam.

Omdat ik nog geen rijbewijs had, werd ik na het draaien in

La Dada altijd opgehaald door mijn vader. Het stomme is dat ik nu pas waardeer wat hij toen voor me deed. Ik had destijds niet in de gaten dat het niet vanzelfsprekend was dat je midden in de nacht je zoon oppikt omdat die zo nodig moet draaien. Toen vond ik dat hij dat gewoon voor me moest doen, omdat ik anders niet thuis kon komen. Maar kun je nagaan, hij was bouwvakker en stond altijd voor dag en dauw op. Net op de dag dat hij kon uitslapen, moest hij mij ophalen. Op een gegeven moment draaide ik ook af en toe op de vrijdag, toen moest hij dus twee keer in het weekend er vroeg uit. Dat vond hij geen enkel probleem.'

IN DIENST

'Vlak voor mijn negentiende kocht ik mijn eerste auto. Ik moest in militaire dienst in Ermelo, bij de Generaal Spoorkazerne, en met een eigen wagen kon ik mooi heen en weer rijden. Het werd een Alfasud. Die kostte 2000 gulden, op zich een koopje voor dat model, al was het nog steeds een smak geld. Ik redde het net met het geld dat ik had verdiend met dj'en en mijn opa en oma sprongen ook nog bij. Alfa's stonden bekend als roestbakken en met name die Suds rotten weg waar je bij stond. Maar ja, ik vond dat model nu eenmaal prachtig. Al snel bleek waarom die van mij een koopje was. In mijn straat woonde luitenant Onderstal, die toevallig in dezelfde kazerne gelegerd was. Het idee was dat we om benzinekosten uit te sparen de ene week met zijn auto reden, en de andere week met de mijne. Ik had mijn Sud nog maar een paar weken en we namen een sluiproute zodat we de drukke provinciale weg konden vermijden. De route voerde ons over het platteland langs Veenendaal, Wageningen en Ede. Die ochtend was net een horrorfilm: boven de weilanden hing een dikke laag mist en het was nog aardig donker. Wij rijden daar en plotseling klinkt een harde knal, alles trilt en ik zie een hoop vonken. Zitten die luitenant en ik ineens met onze reet op het wegdek als een soort Flintstones. Bleken de assen zo verroest dat we erdoorheen waren gezakt. Vanaf dat moment reden we met de auto van Onderstal.'

'In Ermelo was ik ingedeeld bij de Geneeskundige Troepen. Dat was vrij ironisch, want ik kan geen druppel bloed zien. Dat was ook niet nodig, want ik werd opgeleid tot vrachtwagenchauffeur. Daarnaast was er weinig te doen, het was de tijd dat de dienstplicht ter discussie stond omdat het nut onduidelijk was. Het was een beetje hangen, vrachtwagens schoonmaken en schieten met je uzi. In dat laatste was ik redelijk goed, ik werd uiteindelijk schutter tweede klasse. Ook in die periode ging ik in het weekend vaak met Robin mee, dus ik was kapot als ik door de week op pad moest met het leger. Tijdens een oefening in Duitsland reed ik daar met veertig man achterin over de snelweg. Ik was zo moe dat ik begon te hallucineren. Zag ik ineens een heel circus met allemaal olifanten oversteken! En tijdens die oefening sliep je ook al nauwelijks, dus aan het eind van de rit had je een gigantisch slaaptekort opgebouwd. Terug op de kazerne had je natuurlijk alle tijd om dat tekort weer in te halen.'

'Tijdens mijn dienstperiode ontwikkelde ik me tot rebel. Ik was niet alleen een individualist die zich anders voelde, maar ging toen ook bewust mijn kont tegen de krib gooien en rare dingen doen. Bevelen niet opvolgen, gek doen bij het appel en een beetje klieren. Iedereen werd gek van het niks doen en dan bedachten ze gewoon maar wat rare opdrachten. Dan moest ik bijvoorbeeld een schroevendraaier gaan ophalen in Den Haag. Die majoor die die opdracht gaf moest er zelf ook wel om lachen, omdat hij wist hoe belachelijk het was. Ik ben toen met een viertonner op pad gegaan, maar in plaats van Den Haag, reed ik naar een scharrel in Maarn. Ik had echter geen flauw benul van hoe hoog die vrachtwagen was, en laat Maarn nou net een toegangsweg hebben met een laag viaduct. Ik was nog twee straten verwijderd van mijn schatje toen ik plotseling tegen de vooruit werd gelanceerd. *Bam*, lag heel die huif van die vrachtwagen eraf. Die wagen kon niet meer voor- en achteruit. Over dat viaduct liep een spoorlijn, dus het treinverkeer kwam ook stil te liggen. Het was een doffe ellende, iedereen in rep en roer. Er waren nog geen mobiele telefoons, dus alles duurde tien keer zo lang. Uiteindelijk kreeg ik een heel verhoor. Ze vroegen zich af wat ik daar deed, want Maarn lag totaal niet op de route naar Den Haag. Maar net als mobieltjes had je toen ook nog geen navigatiesystemen, dus ik blufte dat ik was verdwaald. Als straf mocht ik twee weken de kazerne niet af.'

'Eenmaal uit dienst moest ik op zoek naar een echte baan, want van dat draaien in Zeist kon ik niet leven. Bovendien moest ik van mijn ouders aan de bak. Dus ik had gesolliciteerd voor een functie als junior vertegenwoordiger bij Kimberley Clark, een Amerikaans bedrijf in Ede dat van die toiletspullen maakt. Op zich een mooie baan, heel Nederland rondcrossen in een auto van de zaak, maar ik wist niet dat ik in het begin mee moest lopen met de technische buitendienst. Die automaatjes die ik zou gaan verkopen, pleerolhouders, zeepdispensers en handdoekautomaten, moest ik eerst zelf leren ophangen. Een uitermate slecht idee, want ik heb twee linkerhanden. Die gasten die mij opleidden waren heel aardig en vergevingsgezind, dus die zagen dat gepruts wel door de vingers, misschien ook wel doordat ik toen al naam begon te maken als dj. Na twee weken aanmodderen kreeg ik een Mazda 626 en werd ik geacht die dingen zelfstandig in elkaar te zetten en op te hangen. Ik moest vier tot vijf adressen per dag afgaan, maar ik was zo lang bezig op die eerste paar adressen, dat ik het vierde en vijfde nooit haalde. Op een gegeven moment liep het dan tegen drieën en dan ging ik liever relaxen in het zonnetje. Maar ja, bij Kimberley Clark regende het klachten, dus ik kwam niet door mijn proeftijd heen. Gelukkig maar, want anders had mijn carrière er nu heel anders uitgezien.'

EIGEN WEG

Dicky en Jan Engelaar, beiden begin zeventig, wonen nog steeds in het huis waar hun zoon opgroeide. Aan de muren hangen persfoto's van Jan, een vitrinekast staat vol modellen van Alfa Romeo en in de cd-speler zit de iT-compilatie-cd nummer zeven. De hond heet DeeJay, 'naar onze initialen' zegt Dicky. Jan woont er sinds zijn vijfentwintigste niet meer, maar is alom aanwezig. 'Het is begonnen met ons twaalfenhalfjarig huwelijk', vertelt Jan senior. 'Wij hadden een feestje in de kelder van de kerk. Daar stond een pick-up met radioapparatuur opgesteld en Jan was er niet weg te slaan.' 'Hij breidde dat hele feestje aan elkaar', zegt Dicky. 'Logisch, want hij was al op jonge leeftijd in de muziek. Hij liep altijd rond met buttons van Kiss.' Die muzikale genen zouden wel eens van moederskant kunnen komen. Dicky was een begenadigd accordeonspeelster. 'Ondanks mijn zenuwen deed ik vaak mee aan concours'en en won die regelmatig. Ook moest ik van mijn ouders op pianoles. Vreselijk, ik moest altijd spelen als we bezoek kregen. Nadat ik het huis ben uitgegaan, heb ik nooit meer een instrument aangeraakt.'

Toen Jan in La Dada ging draaien, was het niet de bedoeling dat pa-lief met de auto voor de deur kwam gereden. Jan senior: 'Dat was altijd twee straten verder. Hij wilde niet dat iedereen zag dat hij door mij werd opgehaald.' Jan en Dicky reden hun zoon ook naar de mixkampioenschappen van Robin Albers. Dicky: 'Dan vroegen we aan het publiek dat er vandaan kwam wie er het beste had gedraaid, en dan zeiden ze Jan. Ja, dat was mooi natuurlijk.'

Dat de kans nihil is dat er met de kerst eens een leuke schoondochter aanschuift, is geen probleem volgens Dicky. 'Dat kan ook niet als je een leven hebt zoals hij, dat past daar dan niet in. Dit is beter zo, maar een parttime schoondochter is ook erg leuk hoor. Je hebt het recht om je leven in te delen zoals je zelf wilt.' En ook over Jans alcoholgebruik wordt niet moeilijk gedaan. 'Alle artiesten hebben iets geks. Of ze zuipen, of ze spuiten of ze hebben een andere verslaving. Jan heeft zijn wodka, maar gelukkig leeft hij door de week heel gezond. Hij doet waar hij zelf zin in heeft, dat heb je als ouder niet in de hand. Wij dachten dat als hij in Amsterdam ging wonen, dat hij dan veilig was omdat hij niet ver hoefde te reizen, niet wetende dat hij uiteindelijk heel de wereld over zou gaan. Wat dat betreft had hij beter thuis kunnen blijven wonen.'

Volgens Dicky en Jan was hun zoon voorbestemd om dj te worden. 'Hij was helemaal bezeten van muziek. Wisten wij veel wat dat inhield. Van ons moest hij gewoon gaan werken. Dat deed hij niet. Achteraf zijn we apetrots dat hij zijn eigen weg heeft gekozen.' Toch heeft Jan senior een kanttekening: 'Jan is altijd te goed geweest voor anderen. Hij hielp jonge dj's in het zadel en kweekte zo zijn eigen concurrentie, zonder daar ooit iets voor terug te krijgen.' 'Hij heeft gewoon een groot hart', zegt Dicky. 'Laatst ging onze televisie stuk. Stonden er een paar dagen later onverwachts twee installateurs op de stoep met een gigantische nieuwe televisie. Die had Jan besteld, zonder dat we het wisten.'

2

AAN DE BAK

'De band die ik met Robin Albers had groeide uit tot vriendschap. Vanaf mijn achttiende ging ik, wanneer ik niet zelf draaide, met hem mee op pad met zijn drive-inshows. In het weekend draaide hij door heel Nederland in clubs en bar-dancings. Dat was een eenzaam gebeuren, telkens in je eentje onderweg zijn van hot naar her, dus hij vond het leuk om wat gezelschap te hebben. Logistiek was dat geen probleem, want we woonden allebei in Rhenen. Ik vond het geweldig om met zo'n grote naam mee te gaan. Hij was de superster en ik nog niet.

Robin hield vaak wedstrijdjes armpje drukken met de portiers. Die versloeg hij allemaal, want hij is supersterk. Zoveel kracht in zo'n klein mannetje! In de auto kon hij ontzettend agressief zijn. Ging er bijvoorbeeld een vrachtwagen niet snel genoeg aan de kant, dan sneed hij hem af en dwong hem tot stoppen. Robin sprong de auto uit en voordat die chauffeur het doorhad, had Robin al een klap uitgedeeld. Hij was voor niks en niemand bang. Boem, altijd één klap. Dat kende ik nog van de kermis. Toen ik een jaar of tien was, was Robin uitsmijter van jongerencentrum Westpoort in Rhenen. Daar stond hij aan de deur met Charl Hasselaar, een vechtsporter die de grootsten der aarde heeft getraind. Een megagevaarlijke gast. Bij ons in de buurt had je allemaal kampers wonen en als die tijdens de kermis problemen veroorzaakten, dan werden ze kort en klein geslagen door Robin en die andere portiers. Dat waren een soort beschermers van de stad.

Op diezelfde kermis ontstond ook een keer consternatie bij de boksbalautomaat. Wat bleek: Robin had heel die bal eraf geslagen, die lag ineens tussen de botsauto's. Dat heeft een hele diepe indruk op mij gemaakt. En een paar jaar later ging ik met hem op pad, dat was natuurlijk enorm stoer. Uiteindelijk werd Robin een mentor voor mij. Niet alleen op muzikaal gebied, maar ook wat betreft seksualiteit. Hij is best een serieus type, ik juist niet, maar we hadden naast muziek nog een gemeenschappelijke passie: vrouwen. Robin vormde een deur naar de hemel, want via hem kon je aan de mooiste dames komen. Dat gebeurt nu ook met de jongens die met mij meegaan, die krijgen heel snel contact met meiden uit het publiek omdat ze bij de dj horen. Elke week hebben ze een telefoonboek aan nieuwe nummers. Logisch, want ik sta te draaien en kan dus niet met die meiden praten. Dan zijn die jongens uit mijn entourage het eerste aanspreekpunt en dat had ik dus met Robin.

We hebben wat bizarre dingen meegemaakt. Het was onze sport om die meiden een beetje sletterige dingen te laten doen. Als Robin ergens draaide waar we meisjes kenden, dan belden we hen een paar dagen van tevoren op met een paar verzoekjes. Netkousen, geen slipje, dat werk. Dan was de voorpret al begonnen. Na afloop van een show brachten we een zekere Patricia terug naar de boerderij. Die woonde in de *middle of nowhere* en ik was met haar een bunker ingegaan omdat we niet bij haar thuis terecht konden. Robin stond met de auto op de dijk te wachten. Ineens hoor ik allemaal getoeter. Wat blijkt: kwam die vader van dat meisje eraan met een hooivork. Die had wel door wat daar in die bunker gebeurde, maar gelukkig kreeg hij ons niet te pakken.'

ULTIEME FLIRT

'Dat meiden zo gewillig zijn, is van alle tijden. Als je in de belangstelling staat, dan vinden vrouwen dat interessant, dat zit in hun psyche. Die meiden zijn op stap, hebben een drankje of een pil op en leggen dan wat makkelijker contact dan wanneer ze op kantoor zitten. Dat zie je nu ook bij Lil' Kleine en al die rappers.

Ik ben geen Brad Pitt, ik ben niet de knapste man van Nederland, maar ik ben wel een flirt en heb heel snel door wanneer een vrouw in mij geïnteresseerd is. Als dat niet zo is, val ik ze niet lastig en waag niet eens een poging. Ik val op donkere vrouwen. Ik ben diep geworteld in die Surinaamse en Antilliaanse cultuur. Er zijn weinig blanke mannen die zo goed als ik een donkere vrouw kunnen aanspreken. Het is een andere manier van benaderen, maar hoe dat precies zit, houd ik voor mezelf. Evenals die dames.

In één oogopslag zie ik of er interesse is. Is dat het geval, dan ben ik onverslaanbaar, want ik heb de flirt tot in het ultieme doorontwikkeld. Zeker in het buitenland is het een makkelijke wedstrijd. Hier in Nederland is het tegenwoordig juist extreem moeilijk. Er heerst een soort angst. Mijn generatie is nog wel van het flirten, maar als ik zie hoe dat er nu aan toegaat, dan is dat echt zonde. Meisjes kijken niet op of om. Je hoeft niet meteen nummers uit te wisselen, maar een kleine flirt moet kunnen. Wat dat betreft voelt het altijd als een opluchting als ik in Polen of de Cariben ben. Als je daar tankt en je lacht en flirt een beetje met de caissière, dan kan dat gewoon. Zij doet met dat spelletje mee. Hier wordt het helaas niet meer gespeeld.

Mijn relaties hebben nooit langer dan drie jaar geduurd, er zijn maar twee of drie meisjes waar ik echt gevoelens voor kreeg. Ik vond dat best lastig. Als je heel je leven gejaagd hebt en daar ook nog plezier aan hebt beleefd, dan is het heel moeilijk om dat te laten varen vanwege een vrouw. Mijn laatste vriendin was een superleuke, aardige vrouw, misschien wel de liefde van mijn leven, en omdat ik het beste voor haar wilde, moest ik haar loslaten, want ik ben niet het beste. Zij was het daar roerend mee eens. Ik heb het wel geprobeerd, maar het botst met datgene waar ik blij van word. Ik heb nog nooit één dag samengewoond, want ik ben liever op mezelf. Het zijn kleine dingen die heel belangrijk voor me zijn. Televisiekijken bijvoorbeeld, dat wil ik doen wanneer ik daar zin in heb. Ook andere dagelijkse zaken, zoals eten, wat en wanneer ik wil. Die paar keer dat ik een relatie had, kwam ik ontzettend aan. Eten moet in een relatie altijd gezellig zijn, dus dan zit je ineens popcorn of koekjes naar binnen te werken. Normaal kom ik in de supermarkt nooit in het gangpad met chips en zoetigheid. Maar met een meisje wel. Je gaat ook veel vaker uit eten met alles erop en eraan: drank, voorgerechten, toetjes. Een relatie is dodelijk voor je discipline, ik kan dan niet het leven leiden dat ik wil leiden. Nu eet ik gezond voedsel in kleine hoeveelheden wanneer het mij uitkomt, meestal om de twee à drie uur.

Laatst hoorde ik op de radio een interview met de schrijfster van *Ik nog wel van jou*, een boek over haar scheiding. Ze noemde allemaal zaken waaruit bleek dat het in de huidige maatschappij niet meer mogelijk is om een lange relatie te hebben, maar ze vergat het belangrijkste. De meeste problemen rond onbegrip en uit elkaar groeien komen voort uit een ingekakt seksleven, waardoor ook op allerlei andere vlakken irritaties ontstaan. Heel je leven lang monogaam blijven is niet gezond, het is juist heel frustrerend. Dat miste ik in dat verhaal van haar, daar had ze het helemaal niet over. Mensen durven dat niet uit te spreken.

Mijn makke is dat als ik iemand leuk vind, het me niet meer lukt om een goed seksleven met diegene te hebben. Zodra ik "ik hou van je" heb gezegd, is het over. Misschien omdat ik al die viezigheid dan niet met diegene wil uithalen. Ik ben niet van de liefdevolle seks, daar krijg ik geen stijve lul van. Ik ben overigens niet pervers, maar zodra de liefde om de hoek komt kijken, dan wordt het een slappe boel. Het is het begin van alle ellende. Gelukkig besef ik dat ik dat gebrek heb en ga dus geen relaties meer aan. Het zou alleen nog kunnen met een open relatie, maar voorlopig blijft het bij friends with benefits. Ik denk dat veel andere mensen dit ook hebben, maar daar pas achter komen als ze al samenwonen en twee kinderen hebben uitgepoept. Ja, dan is het dus te laat. De mensen die ik ken die een open relatie hebben, lachen veel meer en zijn volgens mij over het algemeen gelukkiger.'

COMPLETE GEK

'Met Robin ging ik dus heel het land door naar clubs, discotheken en bar-dancings. Goed bekeken ben ik later in zijn voetsporen getreden. Op een gegeven moment werd ik nog bekender dan hij toen was, maar ik ben altijd contact blijven houden. Dat heb ik met iedereen, ik ben me door de jaren heen nooit meer of minder gaan voelen dan iemand anders. Door de buitenwereld word ik nog wel eens als arrogant versleten, maar dat is een absolute misvatting. Het grote publiek verwart arrogantie met zelfverzekerdheid. Ik heb een uitgesproken mening en neem geen blad voor de mond. Als ik overtuigd ben van mijn gelijk, dan verdedig ik mijn standpunt met hart en ziel. Daar komt bij dat ik af en toe belachelijk uit de hoek kan komen als ik veel heb gezopen. Dan krijg ik een andere persoonlijkheid, ik meet me een rol aan die past bij de totale gekte van de uitgaanswereld. Met die houding weet niet iedereen even goed om te gaan. Veel mensen die mij privé kennen – met name mijn exen en vriendinnen – houden van me als ik door de week Jan ben, maar haten me als ik in het weekend DJ Jean ben. Met die complete gek willen ze niks te maken hebben. Daar kan ik me ook wel iets bij voorstellen als ik die voicemailberichten die ik dan inspreek terugluister. Ik gooi er alles uit wat ik denk, dat kan natuurlijk niet.

Robin organiseerde ieder jaar de mixkampioenschappen van AVROs *Driemaal Doordraai*. De voorrondes werden door heel het land gehouden en de finale was altijd in discotheek Locomotion in Zoetermeer. In 1988 deed ik ook mee en belandde ik in de finale. Het klinkt gek, maar ik was toen vrij introvert en verlegen, in de schijnwerpers staan vond ik helemaal niks. Ik stond met trillende handen te draaien en presteerde voor mijn doen onder mijn kunnen. De andere deelnemers, waaronder mijn grote voorbeeld All Star Fresh, Erick E, Vincent Hendriks, Leon Hartog, Gizmo, Michel de Hey en Orlando Voorn, hadden daar een stuk minder last van. Al die gasten zijn trouwens verder gegaan in de muziek, dus dat was een goede lichting. Van de zenuwen kon ik mijn handen nauwelijks bewegen en dat is niet bevorderlijk als je wilt scratchen. Ik werd toen achtste, maar ik won wel de radiomixwedstrijd van AVROs *Driemaal Doordraai*, want dat was in de studio zonder publiek. Gelukkig heb ik die zenuwen snel overwonnen. Op een gegeven moment was ik ook zelf overtuigd van mijn kwaliteiten. Logisch, als heel de wereld naar de iT toe komt om te kijken wat er allemaal gebeurt, dan doet dat wel wat met je. In positieve zin.'

DE MENTOR

Robin Albers, ook bekend als Jaydee, presenteerde bij de AVRO verschillende radioprogramma's zoals *Toppop Radio*, en natuurlijk *For Those Who Like To Groove*. 'Niet alleen Jan ging vaak mee, ook Michel de Hey. Later kwamen de mixwedstrijden waaraan ze meededen en waarbij ze ook in de jury kwamen. Ze waren allebei heel goed wat betreft performance en scratchen, dus ze hoorden binnen no time bij de top van Nederland. Het was altijd strijd tussen die twee. Michel was serieuzer, meer een purist. Bij Jan was het altijd lang leve de lol.' Robin kent ook de ouders van Jan: 'Dat zijn echt schatten. Ze zijn heel jeugdig en Jan mocht altijd veel, waarschijnlijk omdat hij enig kind is. Hij werd niet verwend, maar alles draaide natuurlijk wel om hem. Dat heeft hem ook geholpen in zijn carrière. Hij is een schip in de haven, en wist altijd precies welke schepen hem naar het juiste vaarwater konden brengen. Jan had destijds nog geen rijbewijs en ik haalde hem altijd op bij zijn ouders, waar hij woonde. Hij sliep altijd tot laat, zo'n uur of twaalf. 'Loop maar naar boven,' zeiden z'n ouders dan, en dan maakte ik hem wakker in z'n kamer.

Jan en Robin bleken een gouden duo als het om vrouwen ging. 'Het was altijd gezellig, het was altijd lol. Nou, bijna altijd dan. Ik had er namelijk een hekel aan dat als hij een meisje had versierd, hij met haar naar buiten ging en ik niet wist waar hij was. Er waren toen geen mobiele telefoons waarmee je even snel kon appen of contact hebben. Een keer was hij na een optreden verdwenen, en ik was moe en wilde snel naar huis. Ik zette dus zelf mijn platenkoffers in mijn auto en riep heel hard 'Jan' op het parkeerterrein. Ik wist dat hij ergens in de buurt moest zijn. En ik hoor vanuit een weiland: 'Hé Ro, nog heel even, ik ben nog heel even bezig!' En even later zie ik in de verte Jan afscheid nemen van een meisje en hij komt naar me toe gelopen. Maar in één keer zakt hij weg. Wat blijkt: was hij in een sloot vol met kroos gestapt. Alles zeiknat en alles onder de modder. Toen heb ik met platenhoezen de passagiersstoel bedekt zodat alles nog een beetje netjes bleef. Kansloos natuurlijk.'

De twee waren zo goed bevriend dat het voorkwam dat ze op hetzelfde meisje vielen. 'Dan wilde ik een relatie met iemand, maar bleek Jan al met haar naar bed te zijn geweest. Ja, dan kon ik haar afschrijven. Daar zat van zijn kant geen kwaad in, maar dat vond ik natuurlijk niet leuk. Maar goed, ik heb hem altijd voorgehouden dat je alle dromen die je hebt over seks waar moet maken. Zo had hij een droom waarbij hij geblinddoekt op bed lag, de voordeur open had staan en zonder dat hij weet wie het is met een vrouw naar bed gaat. Hij heeft toen een advertentie gezet en die droom waargemaakt. Hij woonde toen nog achter de iT. Een heerlijk lichaam, vertelde hij later, en hij weet nog steeds niet wie het is geweest.'

Jan ging vaak mee naar Hilversum als Robin een radioprogramma moest maken. Zo heeft hij nog bij *For Those Who Like To Groove* de Buma Stemra-lijsten ingevuld. 'Als ik een plaat had gedraaid, noteerde Jan het labelnummer en catalogusnummer. Dat deed hij heel secuur.' Ook probeerde Robin Jan wegwijs te maken in het produceren van muziek, maar dat was weinig succesvol. Jan bleek niet geïnteresseerd in de technische kant en wilde liever draaien. 'Ik werkte af en toe in de Dureco Studio's in Weesp en Jan heeft daar regelmatig gescratcht. Zo is hij te horen in een remix van "Street Tuff" van Double Trouble featuring Rebbel MC, de Indian mix om precies te zijn.

Jan heeft me ook geholpen met "Plastic Dreams". Dat nummer had ik 's nachts gemaakt en de volgende dag heb ik het hem laten horen. Na wat aanpassingen bleek dat niemand het wilde releasen. Ik kreeg telkens te horen dat het allemaal scheef stond, dat de beat niet helemaal lekker op de tel zat. Maar ja, ik vond het daardoor wel lekker grooven. Het nummer zou ook te lang duren: twaalf minuten. Er was geen hond die erin geloofde. Bij toeval is het een hit geworden. De Belgische dj Frank de Wulf had het nummer op een cd'tje gebrand om te draaien in zijn set. Dat cd'tje stond op toen hij in de auto zat met Renaat Vandepapeliere van het label R&S. Net op het moment dat ze wilden uitstappen begon dat nummer. Kwam die eerste dreun: *poem, poem poem*. Renaat ging weer terug in de auto zitten en wilde het nummer afluisteren. Toen de beat en het orgel erin kwamen wilde Renaat het nummer hebben. Die titel "Plastic Dreams" heb ik dankzij mijn toenmalige vriendin. Zij was stewardess en had een keer Donald Trump aan boord. Die betaalde in het vliegtuig met een *platinum* of in ieder geval de duurste creditcard die er was, en dat was destijds een bijzonderheid. Ze liet hem aan de piloten zien en die vonden dat te gek. Een plastic kaartje waarmee je dromen kunt vervullen.

In de iT draaide Jan op de vrijdag voor de vrouwen. Vocals, strings, melodietjes, toegankelijke *soulful* house. Als vrouwen op de dansvloer staan, dan komen de mannen vanzelf. Maar toen hij doorbrak met "The Launch", werd dat zijn muziekstijl. Logisch, want als mensen hem boekten, dan wilden ze dat horen en dan kun je niet meer terug naar clubhouse. Zo'n omslagpunt hoort erbij. Je moet niet vastgebakken zitten in één stijl. Hij is nu een soort kameleon, hij draait precies wat het publiek wil. Daardoor heeft hij nog steeds heel veel boekingen. Jan is geen triple A-dj meer zoals een Hardwell of een Martin Garrix, maar hij staat nog iedere week op plekken waar feest gevierd moet worden. En dat lukt hem altijd. Of-ie nou voor 30, 30.000 of 300.000 man staat, hij maakt er een feest van.'

PROEFDRAAIEN

'Na mijn diensttijd en dat debacle met Kimberly Clark moest ik op zoek naar nieuw werk. Ik kwam een vacature tegen in *Disco Dance*, het blad waarin alles stond wat er op dancegebied gebeurde. Elke maand verslond ik dat tijdschrift, ik las het van voor naar achter, van achter naar voor en dan nog een keer van voor naar achter. Het had ook een eigen Dance Top 40, samengesteld met verkoopinfo van platenzaken door heel het land. In die advertentie werd een verkoopmedewerker gezocht voor de groothandel van Boudisque in Amsterdam, en ik dacht: laat ik eens een poging wagen. Ik had daar een gesprek met Rob Boskamp, zelf ook dj, en met de directie van Boudisque. Dat verliep voorspoedig en ik werd aangenomen. Vanaf dat moment had ik ineens fulltime werk in Amsterdam. Het idee was dat ik alle nieuw binnengekomen importplaten beluisterde en ze vervolgens via de telefoon verkocht aan platenzaken in het land. Dat was een fantastische baan, want ik hoorde alle nieuwe releases en was meer dan veertig uur per week bezig met muziek.

In de zomer van 1991 kwam Marcel Bakker binnengelopen, beter bekend als Marcello. Die kwam elke week op donderdag als de nieuwe import was binnengekomen, net als Dimitri van de RoXY. Nadat hij wat platen had gekocht, was hij al op weg naar de uitgang toen hij me ineens aansprak. Hij vroeg of ik op de vrijdag wilde komen proefdraaien in de iT. Een magisch moment, want daar heb ik mijn carrière aan te danken.

Chef Rob was helemaal enthousiast, maar ik had geen flauw benul wat er in iT gebeurde, het was voor mij onbekend terrein. Jaren ervoor was ik er een keer met Robin geweest toen het nog de Bebop heette. Rob legde uit dat de iT een gay-tent was met extravagante feesten. Dat was een ver-van-mijn-bed-show, want ik was een stoere dj die hiphop draaide. Ik hield me ook niet bezig met wat er in Amsterdam op uitgaansgebied gebeurde, want het leek me schier onmogelijk om als jochie uit de provincie daar voet aan wal te krijgen. Maar een avond proefdraaien leek me wel wat en met Rob heb ik toen een krat met platen gevuld. Het was van alles wat: van Donna Summer tot de nieuwste house. Ik mocht draaien op een vrijdagavond. Het was eigenlijk treurig, want er waren heel weinig mensen. De meesten waren vrienden van Manfred Langer, de excentrieke Oostenrijkse uitbater van de iT. Maar ik draaide kennelijk precies wat hij wilde horen, want hij was laaiend enthousiast. Hij vroeg hoe ik heette. "Jan," zei ik. "Jan, Jan? Dat is geen dj-naam!" riep hij. "Vanaf nu heet jij Jean!" Ik mocht de vrijdag erop weer terugkomen.

Die gayscene vond ik fantastisch, het paste wel bij mijn rebelse inslag. Extravagante gays in hun stringetje zijn ook een soort outlaws. Ik kon goed met ze opschieten, ik werd voor hen een heteroseksuele medegay. Met Manfred kon ik het ook altijd goed vinden. Hij had natuurlijk zo zijn eigenaardigheden. Zo wilde hij elke avond zijn favoriete nummers van dat moment horen, ook al pasten die totaal niet in de set. Ik had daar geen moeite mee, hij was tenslotte de eigenaar. Vanwege mijn draaiskills kon en kan ik iedere plaat naadloos mixen. Andere dj's worden daar misschien zenuwachtig van: hoe krijg ik zo'n rare plaat in mijn houseset gemixt, maar dat was voor mij geen probleem.

Nadat ik in de iT was begonnen, groeide de rij voor de deur. Iedere week werd hij weer een stukje langer, totdat hij zelfs om het hoekje ging bij het Rembrandtplein. In korte tijd, dus in 1992 en 1993 werden die vrijdag en zaterdag een begrip. In eerste instantie wilde Manfred beide avonden *gay friendly* houden, maar omdat er steeds meer gewoon publiek op afkwam, besloot hij de zaterdag alleen gays toe te laten en op vrijdag mocht iedereen naar binnen. De zaterdagavond was een soort freakshow. Aan de ene kant van de *dj booth* had je een lilliputter in z'n leren string en aan de andere kant stond een club travestieten uit hun dak te gaan. Dat was geweldig. Manfred organiseerde regelmatig themafeesten. Op vrijdag kwam heel bekend Nederland naar de iT. Dat was dé plek om gezien te worden. Manfred regelde dat goed, die had ook allemaal vriendjes bij *Story* en *Privé*, dus de iT was altijd in het nieuws. De vrijdag moest ook een eigen naam krijgen. Daar hoefden we niet lang over na te denken, want het was één groot gekkenhuis en de vrijdag werd dus Madhouse.'

'Na een jaar vertrok Rob bij Boudisque. Hij ging naar platenmaatschappij Rams Horn en nam mij mee. Het was een bizarre ervaring. Het was een familiebedrijf dat rechten kocht om platen van bepaalde artiesten in Nederland uit te mogen brengen. Ze waren over heel de wereld bekend, maar dat stond haaks op die setting op dat industrieterrein in Aerdenhout. Ik kreeg daar in verhouding tot Boudisque heel goed betaald en was aangenomen om hetzelfde kunstje te doen. Het waren hele stoffige mensen die je totaal niet zou verwachten als het om dance gaat. Maar het opmerkelijke was dat ze helemaal niet van plan waren om het werk uit handen te geven. Ze vonden het gewoon leuk om ons daarnaartoe te halen. Ik had meer het idee dat ze met ons wilden pronken. Ik draaide net in de iT, was af en toe op de radio te horen en Rob was ook bekend als dj. Wij waren een soort trofeeën die ze daar lieten rondscharrelen.

Ik heb er een halfjaar gewerkt, maar het voelde als tien jaar. Er gebeurde helemaal niks. Ik zou telefonische acquisitie doen, maar dat deed die familie liever zelf. Ik kwam dan aan om 09.00 uur 's ochtends, ging tot de lunch de krant lezen en probeerde 's middags nog echt wat te werken. Daar voelde ik me aan de ene kant schuldig over, want ik kreeg 2500 gulden netto per maand, wat echt een flink bedrag was. Aan de andere kant dacht ik: laat maar, want ze hadden ook niks voor me te doen. Toen ik er net kwam werken had ik ze een tip gegeven: de remix van "I Want Your Love" van Sister Sledge. Ik voelde dat dit een hit ging worden en zei dat ze die rechten moesten binnenhalen. Dat hebben ze gedaan en het werd een gigantisch succes. Dus op die manier verdiende ik mijn geld voor hen terug.'

'Toen Manfred me vroeg of ik ook een tweede avond in de iT wilde draaien, besloot ik dat ik nooit meer achter een bureau zou gaan zitten en ben ik per direct bij Rams Horn gestopt. In de iT verdiende ik 400 gulden op een avond, dus ik ging ineens van 1600 naar 3200 per maand. Ja, dat was genoeg om van te leven. Vrij snel daarna kreeg ik opslag, en verdiende ik 4000 per maand. Toen was ik in één keer een koning natuurlijk. Gedurende de jaren negentig kreeg ik er af en toe nog wat bij, volgens mij eindigde ik op 800 à 900 gulden per avond, wat voor die tijd echt een riant dj-salaris was.'

ALS EEN RAKET

In 1976 begon Rob Boskamp met draaien in wat vaak de eerste discotheek van Amsterdam wordt genoemd, Lucky Star op het Leidseplein. Ook was hij promotor van de Disco Mix Club (DMC), een Britse maatschappij die exclusieve remixen uitbracht. Toen DMC mixkampioenschappen ging organiseren, volgde Robin Albers dit voorbeeld. Met natuurlijk in de jury: Rob Boskamp. 'Ik heb in die hoedanigheid Jan tientallen keren zien mixen. Hij draaide toen nog geen house, maar wel dansbare pop. Van alle deelnemers was Jan de meest extraverte, de rest was vrij ingetogen.'

Het feit dat Rob in 1989 bij Boudisque gaat werken, is een

belangrijke schakel in de carrière van Jan. 'Boudisque was een platengroothandel en had ook een zaak voor particulieren. Van origine verkochten ze veel pop, maar ze wilden een housetak opzetten, en daar was ik voor aangetrokken. Ze deden de distributie van Rhythm King en Trax Records en daar kwam ook het eigen label Go Bang bij. De verkoop ging als een raket, platen kwamen met pallets tegelijk binnen. Dan kwam bijvoorbeeld de nieuwe Frank de Wulf uit en daarvan bestelde ik 10.000 exemplaren. Dat waren vier pallets vinyl. Het enige wat ik deed was een sticker van Boudisque erop plakken, en dan kon die vrachtwagen weer verder. Die groothandel had een ontzettende magneetfunctie op dj's, want daar konden ze goedkoper inkopen dan bij de winkel. Langzaamaan kwamen de Marcello's en Dimitri's bij ons binnen, en dat was weer reclame voor ons. Zelfs Rhythm Import ging bij ons inkopen.'

De zaken gaan zo goed dat Rob het niet meer alleen aankan. 'Naast de inkoop deed ik ook de verkoop, maar daar had ik geen tijd meer voor. Toen heb ik een advertentie gezet in *Disco Dance*, waarvoor ik de housepagina verzorgde. Jan reageerde erop, en dat was voor mij de ideale kandidaat: hij had een goede babbel en wist heel veel van muziek. Bovendien kende ik hem van die mixwedstrijden. Het enige wat hij hoefde te doen was winkels bellen en te zeggen welke platen hij goed vond. Nou, dat zag hij wel zitten.'

De twee hebben het regelmatig over de toekomst. 'Ik zag Jan als mijn kleine broertje. We hadden het vaak over wat hij later wilde gaan doen. Dat was draaien. Hij wist toen al dat hij talent had en was overtuigd van zichzelf. Het is mooi dat het hem is gelukt. Als hij buiten Amsterdam een gig had, dan liepen we wel eens langs de iT om wat platen op te halen. Hij waarschuwde me voor wat we daar zouden aantreffen. Ze hadden er een handje van om om 05.00 uur de deur achter zich dicht te trekken en de boel de boel te laten. Dan liepen we de hal in, deed hij de deur open en hoorde je overal beestjes wegrennen. Te goor. In de colaglazen dreven gewoon dode kakkerlakken. Maar ja, als 's avonds de show begon, dan viel dat niet meer op.'

Na een knetterende ruzie bij Boudisque vertrekt Rob in 1992 naar platenmaatschappij Rams Horn in Aerdenhout om daar ook een danceafdeling op te zetten. 'Het waren cowboys die soms nummers doodleuk als bootleg uitbrachten.' Een soort illegale versie dus. Dat staat Rob niet in de weg om de danceafdeling succesvol te maken. 'Ik had natuurlijk heel het klantenbestand van Boudisque en al snel kreeg ik het zo druk dat ik weer iemand moest aannemen. Dus ik Jan bellen. Die draaide intussen vrij vaak in de iT en wilde alleen drie dagen in de week werken. Dat vond ik prima, want hij deed zijn werk ontzettend goed. Hij had overal papiertjes liggen met nummers en notities. Dan belde hij iemand en verkocht hij voor 500 euro aan platen. Daarna rook hij even aan zijn vingers, dat was een tic van hem, en dan belde hij weer verder. Hij was een hele goede verkoper, maar hij wilde nog liever een hele goede dj zijn. Die combinatie werkt nog steeds. Het imago dat hij verkoopt is dat van losbol die van het pad is, de joviale, gekke Jan. Hij is de rock-'n-rollkant van de house, het enfant terrible, en dat heeft hij altijd op de juiste manier weggezet. Waar Dano echt helemaal is doorgeslagen, heeft Jan er nog wel de rem op weten te zetten en daardoor kan hij nog steeds vooruit. Hij wordt nog steeds belachelijk vaak geboekt.

Zijn enige makke is dat hij altijd te laat is. Als ik hem voor een feestje boek, dan zeg ik dat hij om 19.00 uur moet draaien, terwijl hij om 20.00 uur staat ingepland. Vervolgens is hij er om 20.30 uur. Voor de rest is het een eerlijke en integere gozer.' Kort nadat Jan bij Rams Horn komt werken, vertrekt Rob alweer. 'Het was voor mij tijd om zelf een label te beginnen en mijn eigen dj-carrière verder uit te bouwen.'

3

NAAR AMSTERDAM

‘Mijn tweede auto was een zwarte Alfa Spider, een cabrio. Een mooie auto, want ik wilde wel in stijl heen en weer pendelen tussen Rhenen en Amsterdam. Ik had er een lening van 20.000 gulden voor afgesloten en mijn ouders stonden garant. In eerste instantie combineerde ik het werk bij Boudisque met het draaien in de iT. Dan was ik dus door de week van 06.00 tot 18.00 uur op pad, draaide ik op vrijdag en zaterdag tot 05.00 uur ’s nachts en reed daarna zelf naar huis in Rhenen. Maar ik was toen nog helemaal niet gewend aan dat echte nachtleven. Als ik met Robin meeging, dan was ik meestal rond 02.00 uur, hooguit 03.00 uur thuis.

Op een zaterdagnacht reed ik terug vanuit de iT en ik was zoals altijd helemaal gesloopt. Bij Utrecht waren op de A12 wegwerkzaamheden en daarom stond er midden op de weg zo’n betonnen afscheiding. Het was rond 06.30 uur en ik dommelde in slaap. Mijn hoofd viel op het stuur en ik schoof wat naar voren zodat mijn voet nog meer op het gaspedaal leunde. Ik accelereerde en knalde keihard op een man in een koekblik met een racefiets achterop. Die kerel werd gelanceerd en ik raakte in een slip en ben volgens schatting van de politie vier keer over de kop gevlogen, over die middenafzetting heen, op de andere weghelft waar gelukkig niks reed, toen het talud afgerold en kwam zo op mijn wielen terecht. De politie had niet verwacht dat er iemand uit zo'n wrak levend tevoorschijn kon komen, maar op een paar schrammen na, had ik niks. Die man voor me had een whiplash, verder niks ernstigs. Het liep allemaal met een sisser af. Die man heb ik geloof ik nog een bos bloemen gestuurd en de verzekering regelde de rest.

Toen ik Manfred dit vertelde, riep hij dat hij zijn vriendenkring zou inschakelen en de boel wel even zou regelen. Hij was natuurlijk blij dat hij eindelijk een goede dj had en wilde niet dat die zichzelf doodreed. Zijn boekhouder had wat pandjes op de wallen en zo belandde ik voor 700 gulden per maand boven een seksshop in de Lange Niezel in Amsterdam. Dat was een klein druk straatje tussen de Warmoesstraat en de Wallen, midden in het centrum.

De overgang vanuit het veilige Rhenen naar een woning boven een seksshop op de Wallen was vrij groot. Zeker toen, want het was daar een stuk ruiger dan nu. Thuis maakte mijn moeder schoon, maar nu moest ik daar zelf voor zorgen. Om de hoek had je het Oudekerksplein, daar zaten alle Afrikaanse prostituees. Die waren allemaal harstikke illegaal, maar niemand die daar om maalde. Misschien waren ze wel goed in schoonmaken, dacht ik. Dus ik sprak er eentje aan met de vraag of ze wat bij wilde verdienen. Ik zocht natuurlijk de mooiste uit, het was een soort Naomi Campbell die Tamara heette. Ze zag dat schoonmaken wel zitten, waarschijnlijk omdat ze wist dat ik dj was. Ik betaalde haar 20 gulden extra als ze in lingerie bij mij aan de slag ging, iets wat ze dan ook regelmatig deed. Eén keer is van het één het ander gekomen, maar dat was dan weer gratis. Ik weiger om voor seks te betalen. Nu is dat in mijn positie ook wel makkelijk, want het komt me altijd aanwaaien.

Na die verhuizing moest ik ook een nieuwe auto hebben, want die Spider lag dus in de kreukels. Het werd een Alfa 33 QV, de snelste uitvoering. Begin jaren negentig had je nog aardig wat plekken in Amsterdam waar je je auto gratis kon parkeren. Omdat ik hem toch niet zo vaak nodig had, zette ik hem op de Westerdoksdijk, in de buurt van het Centraal Station. Na drie weken kom ik daar aangelopen, ligt er een zwerver in mijn auto te slapen. Hij had hem gekraakt en als slaapplaats ingericht. Nou ja, werd die auto toch wat vaker gebruikt dan gedacht.'

COCKRING

'Op twintig meter van de Lange Niezel had je de Cockring, een legendarische gayclub. Daar kwam allemaal van die *bears*: behaarde nichten in het leer met baarden. De eigenaar, niet wetende dat hij acht jaar later zelf de iT zou overnemen, stapt in de iT op me af en zegt: "Jean, je weet ik heb de Cockring, en we zijn zeven dagen per week open en zeven dagen per week vol. Zou jij niet doordeweeks een nachtje kunnen draaien?" Ja, dat was bij mij om de hoek, dus dat leek me een mooie bijverdienste. Die dj booth was omgeven door tralies, dus ik voelde me helemaal veilig. Ik kreeg 300 gulden per avond en draaide er dezelfde platen als in de iT. Die sleepte ik gewoon heen en weer.

Voor de seksshop in de Lange Niezel liep altijd een junk rond, een soort Quasimodo met een grote afro. Die gaf ik af en toe een piek. Dat had ik beter niet kunnen doen, want zijn medejunks kregen dat door en begonnen ook om geld te vragen. Sterker nog, na verloop van tijd wisten ze hoe laat ik uit de iT thuiskwam en dan stond er een hele rij voor mijn deur. "Hé dj, heb je een guldentje voor me?" begonnen ze dan. Na een halfjaar had ik er schoon genoeg van en werd het tijd om te verhuizen. Ik kon wel vragen of ze wilden opkrassen, maar ze luisterden toch niet. Tien jaar later zag ik die Quasimodo nog steeds rondscharrelen, die ging maar niet dood. Hij zat onder de abcessen en ontstekingen, ongelooflijk hoe hij het volhield.

Ik had dus een andere woonplek nodig en opnieuw wist Manfred raad. Dit keer was het een appartement aan de Amstel, tegenover Hotel de L'Europe. Onder zat de Gaiety, een gaycafé. Ik had er twee verdiepingen voor 1500 gulden per maand. Het was er perfect, want het lag op een steenworp afstand van de iT. Toen was het hek van de dam, want in dat huis gebeurden de meest bizarre dingen. Ik hield een keer een afterparty met mijn Hells Angels-vrienden en was aan het douchen met een leuke dame. Ineens hoorde ik keiharde knallen, dus ik storm naar beneden om te kijken wat er aan de hand was. Waren die vrienden uit het raam aan het knallen, zo de gracht in. Dat was de enige keer dat ik boos op ze ben geworden. Ik ben een rebel en hou van gekkigheid, maar dit ging voor mij over de grens.'

BEDEVAARTSOORD

'Op de Amstel had ik bijna ieder weekend mijn achterneef Harm Willemse over de vloer. Die draaide in de iT de cassettebandjes om. Gedurende mijn set lieten we een arsenaal aan cassettedecks meelopen en verkochten per nacht een stuk of dertig bandjes à 30 gulden per stuk. Dat was gouden handel. Mensen moesten van tevoren afrekenen en konden dan doorgeven van welk uur ze een bandje wilden. Nou liet Harm zich niet onbetuigd als het om drank ging, dus af en toe kwamen er klachten binnen: dan stond er niks op de bandjes omdat hij de decks niet had aangezet of vergeten was de bandjes om te draaien. Na een paar jaar zijn we ermee gestopt, ik ging toen meer verdienen en draaide ook buiten de iT, waardoor de inkomsten van die bandjes minder belangrijk werden. Bovendien wilde Harm ook gewoon een feestje kunnen vieren zonder gedoe.

Harm zat in de muziekwereld, hij werkte voor allerlei platenmaatschappijen, organisatoren als UDC en diverse managementbureaus. Zo was hij er in 2008 bij toen The Partysquad op Ibiza in een ravijn reed. Als ik in het land moest draaien ging hij vaak mee als chauffeur en vergezelde me als ik naar *Van Diepens Dance Department* ging, het roemruchte 538-programma van Wessel van Diepen. Dat was wel mooi: door de week stond hij bij Wessel en sidekick Erik Kross platen van Albert West te pluggen, en in het weekend vierde hij feest met house.

Hij en ik vallen allebei op donkere vrouwen. Op een avond hadden we twee zusjes te pakken die met ons meegingen naar huis. Dat we vrouwen aan de haak sloegen gebeurde aan de lopende band, maar twee zusjes, dat kwam niet zo vaak voor. Harm was met de ene aan de slag op de bank, en ik in mijn slaapkamer met de ander. Maar ik had zoveel gezopen dat ik in slaap viel. Word ik even later wakker van een enorm gehijg. Wat blijkt: die vrouw was zo oversekst dat ze nu op Harm lag, terwijl die ander lag uit te puffen.

Behalve Harm bleven er dus regelmatig meiden slapen. Die probeerden daarna bij ons in het gevlij te komen. Dan zagen ze bijvoorbeeld Harm zonder deken op de bank liggen en kwamen ze de week erop naar de iT met complete dekbedsets. Of dan werd er aangebeld en dan stond er een club vrouwen voor de deur met tassen vol eten. Die dachten dat wij dat wel konden gebruiken. Iedereen belde altijd maar aan bij Amstel 14, het was een soort bedevaartsoord. Helemaal op Koninginnedag. Dan lag je net op je bed en dan ging die bel weer, want dan begon die botenparade. "Jean! Jean! Wakker worden!" Ook met de Gay Pride was het altijd raak. Al die mensen zaten maar te schreeuwen vanaf die boten. "Jean doe eens open, joehoe!"

Dat is het nadeel van in het centrum wonen. Dat huis was een soort hoerenkit: rood tapijt, zwarte lederen bankstellen, zwarte gordijnen, een flipperkast en een kerstboom die er heel het jaar stond. Veel mensen noemden het een mini-Yab Yum, alleen waren er bij mij nog meer vrouwen over de vloer. Een keer hadden Harm en ik met een meisje een hartstikke leuke nacht en ochtend beleefd, en daarna was ze er meteen vandoor. Prima. Dus wij liggen uit te slapen, gaat ineens de bel. Heel hard en heel lang. Staat dat meisje weer voor de deur. Zegt ze: "Ja sorry, ik ben mijn haarstukje vergeten." Dat hadden wij helemaal niet doorgehad. Het was een directiesecretaresse van een grote bank. Iedereen kwam op ons pad, van hoeren uit seksclubs tot rechters en advocaten. Iedereen gaat uit, gaat van de kaart, en dan is iedereen hetzelfde: namelijk knettergek.

Voor ik moest draaien ging ik altijd even naar het kantoortje van de bedrijfsleider. Op een avond kijk ik even naar buiten en zie in het pand aan de overkant twee mooie meiden staan. Ik zwaaien, zij terugzwaaien en ze beginnen spontaan te strippen. Dat soort dingen gebeurde gewoon. Op de zaterdag werd er zelfs op de dansvloer gepijpt en geneukt. Mensen namen niet eens de moeite om een hoekje in te lopen. Op die gay-avonden was ik zo'n beetje de enige hetero daar, dus die meisjes die van de kaart waren wisten precies waar ze moesten zijn. Kwamen ze in hun stringetje tegen mij aanrijden, ik was op dat moment hun enige houvast.

Met de beruchte zwembadparty's ging het helemaal los. Dat waren gewoon gangbangs in een discotheek. Ongekend, iedereen was elkaar aan het aflebberen en alle seksuele handelingen die je – van man tot man – kunt bedenken, grepen daar plaats. Midden op de dansvloer werd dan een zwembad geplaatst. Die bleef daar staan tot maandag, dus dat was altijd even schrikken voor de mensen die op zondag kwamen. Alles zat onder dikke klodders sperma. Ze probeerden het wel weg te poetsen, maar dat was onbegonnen werk. Je had ook nog de Hollywood-party's, waarbij het om glamour draaide. Dat was wat meer geschikt voor de hetero's, maar ja, iedereen wilde daar wel naartoe, dus er stonden rijen van 200 meter voor de iT. Daarom waren die gouden sleutels zo gewild, dan kon je zonder in de rij te staan naar binnen. Manfred deelde die uit. Aan vrienden, beroemdheden en mensen met geld die met geld smeten. Dat konden dus ook criminelen zijn, want daar had hij een zwak voor.'

SCOUTEN

'Elke week maakte ik een vast rondje langs platenzaken: Rhythm Import in Den Haag, Rhythm Import Amsterdam, Dance Tracks, Outland, en af en toe Midtown in Rotterdam. Veel dj's liepen letterlijk achter mijn reet aan. Dan stond in één keer de hele zaak vol met gasten die precies dezelfde platen wilden als ik had uitgezocht. Om mijn platen exclusief te houden, plakte ik ze af met stickers en zette daar een code op. Ook kalkte ik er een 1, 2, 3 of 4 op. Dat stond voor het moment waarop ik die plaat kon draaien: een 1 voor het begin van de avond met rustige, funky grooves, en hardere tracks zoals clubtrance kregen een drietje of een viertje. Het mooie van die tijd was dat je dan gemakkelijk een maand lang een plaat voor jezelf had. Daardoor kon je een eigen geluid creëren, je was als dj uniek. Nu is dat een stuk lastiger. Even Shazammen en iedereen weet meteen wat er gedraaid wordt.

Op mijn avonden kwamen vaak vertegenwoordigers langs van grote platenmaatschappijen zoals Warner en Universal. Ze stonden als een scout bij een voetbalveld aan de bar en luisterden naar wat ik draaide en keken naar de reactie van het publiek. Was dat enthousiast, dan vroegen ze me welk nummer het was, want dat kon wel eens een grote hit worden. Vervolgens namen ze de rechten ervan over van de kleinere labels waarop die tracks eerst verschenen, met als gevolg dat sommige platenmaatschappijen indirect miljoenen aan mij en mijn tips hebben verdiend, miljoenen waar ik overigens nooit een cent van heb teruggezien…

Ik was dus een soort doorgeefluik en heb zo heel wat hits gemaakt, bijvoorbeeld Deep Zone met "It's Going to be Allright" en The Footclub met "Driftwood". Aan één nummer heb ik een speciale herinnering: de Todd Terry-mix van "I Miss You" van Everything But The Girl. Dat was een gelimiteerde oplage van honderd stuks waar verder niemand mee bezig was. Het was een beetje een gekke plaat, een niet traditioneel dansnummer. In de week dat Manfred overleed vond ik dat ik iets sentimenteels moest draaien en ik had toen net dat nummer gekocht. Ik droeg het op aan Manfred, de man die ons jaren had vermaakt. Ja, dat sloeg wel aan natuurlijk en iedereen wilde weten welk nummer dat was.

Tegelijkertijd hadden de pluggers, dus de vertegenwoordigers van platenmaatschappijen, weer een belang bij mij, want bij platenmaatschappij EVA verschenen compilatie-cd's van de iT. Marcello had de eerste drie gedaan, de vierde deden we samen en deel vijf tot en met acht deed ik. Die cd's waren een ongekend succes. Elke veertigplusser die van dance houdt heeft er wel eentje. Pluggers wilden dolgraag dat hun nummers op die cd's kwamen, want die gingen heel de wereld over. Die cd's mixte ik 's middags in de iT. Thuis bereidde ik dat wel voor qua volgorde en zo, dus daar dacht ik goed over na. Negen van de tien keer waren dat *one-takers*, ik nam het allemaal live op.

Dankzij die cd's en de naamsbekendheid van de iT werd ik vaak gevraagd om in het buitenland te draaien, met name op Ibiza. 's Winters kwamen clubeigenaren naar Amsterdam om met Manfred te praten en probeerden ze me exclusief aan zich te binden. Maar ik hield er niet van om ergens aan vast te zitten, behalve aan de iT. Al die tenten waren niet belangrijker en het geld interesseerde me niet zo. Ik vond het prima om er af en toe los te draaien en zo kon het gebeuren dat ik in één zomer én in de Space, én in de Amnesia én in The Privilege én in de Pacha stond. Zakelijk gezien niet heel verstandig, maar ik volgde wel mijn hart.'

HET GEHEIM VAN DE IT

Manfred Langers idee van de iT wordt beschreven in het boek *Alle Geheimen van de iT*, dat in 1993 verscheen, een jaar voor zijn dood. 'De iT had ik opgezet voor de homo's en voor een gay-minded publiek. (...) Ik paste na de opening het principe toe dat er elke week iets te beleven moest zijn in de iT. Ik wilde mijn bezoekers keer op keer verrassen. (...) De grootste kracht van de iT is dat de mensen die er komen volledig zichzelf kunnen zijn!'

Het idee van zichzelf zijn vertaalde zich naar extravagante uitdossingen en sterallures: 'Ik liet enkele kleinere podia maken. Ik ging ervan uit dat de bezoekers van de iT zich sterren moesten voelen en sterren willen graag op de bühne staan.' Om de boel aan te jagen werden dansers ingehuurd: 'Jongens en meiden die er goed uitzagen en sexy gekleed gingen. Ze dansten tegen vergoeding, maar moesten de indruk wekken dat ze normale bezoekers waren.' De dansers hadden volgens Langer ook invloed op de kleding van het publiek: 'Bezoekers spiegelden zich aan de sexy, strakke kleding van de dansers en durfden in dezelfde stijl gekleed naar de iT te komen.'

Over de muziek zegt hij: 'De diskjockeys had ik opdracht gegeven geen Nederlandstalige muziek en zelfs geen middle-of-the-roadrepertoire te draaien. De iT moest volgens mij een zaak van deze moderne tijd worden.' Over wat er dan wel precies gedraaid moest worden, rept hij met geen woord. De *resident-dj's* van dat moment, Marcel Bakker (Marcello) en een zekere Jean Engelaar, doen dat wel. Bakker: 'De iT is een tempel van housemuziek geworden en dat is eigenlijk heel logisch. Op het moment dat de iT van start ging, was de house in opkomst. (...) Het tempo van de garagehouse is wat lager dan van de gabberhouse. Er zijn ook vocale elementen in verwerkt. Garagehouse is gevoeliger en weekt emoties los. (...) Om te voorkomen dat de sfeer wat al te plakkerig wordt, kun je garagehouse afwisselen met technohouse. Technohouse is net zoals gabberhouse vaak alleen maar instrumentaal, maar minder afstandelijk en meer melodieus. De combinatie van garage- en technohouse schept een sfeer zoals die in de iT heerst. Happy house wordt deze combinatie ook wel genoemd, of mellow house.' En ook Jean Engelaar komt aan het woord: 'Alhoewel house de muzikale smaak van homo's en hetero's behoorlijk dicht bij elkaar heeft gebracht, willen gays altijd platen die net een stukje vrolijker zijn dan de platen en nummers die door hetero's worden gewaardeerd. Op de zaterdagavond hou ik daar rekening mee. Het accent van de muziek die ik dan draai ligt op garagehouse en ik draai wat minder technohouse. Er zijn speciale housenummers die ik op de zaterdagavond niet kan overslaan. Ik noem dat de "nichtenkletsers", die een belangrijke bijdrage leveren aan het slagen van de gay-avond.'

RITMO DE LA NOCHE

De succesformule van garage- en technohouse was er niet meteen vanaf de opening in september 1989. Als hij er nu op terugkijkt, zegt Bakker dat Manfred en zijn entourage in de beginperiode zelfs helemaal geen house wilden horen. 'Er was een enorme strijd om de muziek. Manfred hield van Nederlandstalige smartlappen, het liefst moest dat heel de avond worden gedraaid. De "Lambada" van Kaoma was voor hem al heel vooruitstrevend. Manfred had ook de kroeg Chez Manfred, waar gaynummers als "I Will Survive" van Gloria Gaynor favoriet waren. Van drie nummers werd hij heel vrolijk en die moesten minimaal één keer per avond voorbijkomen: "Dancing Queen" van Abba, "Ich Bin Wie Du" van Marianne Rosenberg en "Ritmo De La Noche" van Chocolate. Dan kwam-ie weer bij de dj booth: "Heb je nu al die 'Ritmo De

La Noche' gedraaid?" Ik probeerde dan uit te leggen dat dit nummer zijn beste tijd had gehad en als alternatief stelde hij dan de instrumentale versie voor, "want dat vinden die mensen leuk". De eerste werknemers van de iT hadden ook niks met house en dance. Die kwamen allemaal uit kroegen als Jantjes Verjaardag en Chez Manfred. Dan kwamen er boze travestieten op me af die Viola Wills met "Gonna Get Along Without You Now" wilden horen. De gayscene wilde van die gaynummers, maar dat kon natuurlijk niet met een tent als de iT. Je kan niet vier avonden per week open zijn en je met één soort muziek richten op één soort publiek.'

Bakker zette door en introduceerde met een andere iT-dj van het eerste uur, Robert Broekhof, house in de iT. Bakker: 'Ik verzorgde in de jaren tachtig muziek bij modeshows en daar werd vanaf 1988 ook house gedraaid. Bij de avant-garde binnen het uitgaanspubliek was er dus draagvlak. En het werkte, want het werd drukker in de iT. De kassa ging rinkelen, Manfred was om.'

In 1991 was Robert Broekhof toe aan iets anders. Hij had ook al jaren gedraaid in Be-bop, de voorganger van iT, en was wel klaar met het nachtleven. Hij ging draaien op de House Party-tour van Arcade. 'Marcel verkocht, net als hij eerder deed in de Bells Club in Amstelveen, cassettebandjes aan het publiek. Dat was heel slim, want house was toen nog exclusief, het was niet overal verkrijgbaar. Platenmaatschappij Arcade zag hier brood in en zette de House Party-reeks op. Hierbij organiseerden ze ook een clubtoer door Nederland en daar ben ik voor gaan draaien. Dat duurde een halfjaar en toen ben ik aan de slag gegaan bij Marcanti. Rien Huis in 't Veld, de eigenaar van het iT-pand, had dat toen overgenomen. Die wilde daar ook een succesvolle club van laten maken, en daar werd ik voor aangenomen.'

Door het vertrek van Broekhof ontstond er een gat in de programmering. Of Bakker nog iemand wist. En dat was het geval: een werknemer bij Boudisque draaide niet onverdienstelijk. Bakker: 'Ik kende Jan natuurlijk van de platenzaak en heb hem waarschijnlijk horen draaien bij het radioprogramma van Robin Albers. Hij mocht op de vrijdagavond komen proefdraaien en deed dat heel voortvarend, iedereen was meteen erg over hem te spreken vanwege zijn muziekkeuze en zijn skills. Destijds was er nog niet zoveel repertoire als nu, dus je moest soms drie keer dezelfde plaat draaien om de mensen bezig te houden. Daar kon hij prima mee uit de voeten, hij creëerde ter plekke nieuwe remixen. Jan kon als geen ander verschillende stijlen aan elkaar mixen en sprak dus een breed publiek aan. Hij kon en kan de mensen echt bespelen.'

Twee succesvolle dj's die allebei in dezelfde club draaien, dat moet uiteindelijk rivaliteit opleveren. Toch heeft Bakker dat niet zo ervaren. 'Voor mij speelde dat niet zo, misschien wel voor de mensen om ons heen. Jan werd verweten dat hij platte pannenkoekenhouse draaide en ik zou zweverige meuk verkopen. Jan en ik draaiden in ieder geval heel anders. Zijn manier is staccato, van break naar break, met als doel mensen te laten schrikken. Mijn manier is meer melodieus, een golvende lijn. Als ik ging draaien dan zakte het in qua '*hands up in the air*'-idee. Bij Jan ging het meer om het effect, de dansvloer moet continu aan het kolken zijn. Hij wilde ook altijd de grootste dj zijn, dat had ik wat minder.'

Met de komst van Jean werd de iT wat commerciëler. 'Dat was goed voor de club, want je kunt niet altijd underground blijven. Dan gaat de sjeu eraf. Die avonden kregen allemaal hun eigen karakter: op donderdag studenten, vrijdag het grote uitgaanspubliek van heinde en verre, zaterdag gay-avond en zondag was wat meer voor de incrowd. De iT had iets speciaals, je zou het haast magisch kunnen noemen. Dat lag aan de iT-dansers, de subtiel bediende lichtinstallatie, het perfecte soundsysteem en natuurlijk de veelheid van totaal verschillende mensen.'

In 1996 verlaat Bakker de iT zodat hij zich volledig kan storten op zijn eigen concepten Chemistry en Rush in de Escape, die het jaar daarvoor van start gingen. 'Na duizend keer draaien in de iT was ik toe aan verandering. Ik wilde verantwoordelijk zijn voor het totaalconcept, van flyer tot programmering, en bedacht met mijn vriend Eelko Anceaux Chemistry. Op de eerste avond draaiden we "Born Slippy" van Underworld. Dat was voor mij de blauwdruk van het Chemistry-geluid: lange, slepende nummers, veelal instrumentale techhouse. Dat was niks voor Jan.' Tegenwoordig draaien de twee wel eens samen op retrofeestjes. 'Jan heeft veel kwaliteiten als dj, inclusief een enorm werkethos. In het weekend gaat hij ervoor, door de week leeft hij als een monnik. Dat is echt heel knap. Hij is een vakman.'

4

OVER DE GRENS

'Begin jaren negentig kwamen overal in het land iT-kopieën zoals de Carrera in Rotterdam en De Danssalon in Eindhoven. Ik kreeg veel verzoeken om daar te draaien, maar dat deed ik niet. Ze boden veel geld: twee-, drieduizend gulden voor vier uur draaien. Maar ja, ik was de resident-dj van de iT en ik vond dat ik het niet kon maken om daar een avond te laten schieten. Waarom zou ik in een kopie gaan staan als ik ook gewoon in de iT kan draaien? Af en toe nam ik wel andere gigs aan, in van die grote feesttenten bijvoorbeeld, maar dat viel soms vies tegen. Met Peran ging ik naar Groningen en we kwamen daar aan bij een schuur vol tieners. Die stonden daar te dansen op Top 40-meuk en toen kwam ik met mijn iT-platen. De dj booth was piepklein en bestond uit wat pallets met een doek eroverheen. Het was allemaal vrij knullig en dat gold helaas ook voor de installatie. Ik zette "Up to no good" van Porn Kings op en met die plaat gaat normaliter het dak er meteen af. Nou, niet daar in Groningen. Het geluid haperde en al die tieners keken verschrikt naar mij alsof ik Satan was met duivelsmuziek. Ik ging kapot. Dat is een nadeel van dj'en: als er iets mis is met het geluid, dan heb jij het gedaan, ook al is er een technisch defect of heeft de organisatie de boel niet goed aangesloten. Dus ja, ik flipte de pan uit en riep Peran bij me. Of hij niet aan de organisator kon vragen of ik er mee kon ophouden en dat ze me dan maar voor de helft hoefden uit te betalen. Dat kon, en binnen vijf minuten zaten we in de auto, terug naar Amsterdam. Dat trucje heb ik wel vaker uitgehaald als duidelijk was dat het er niet in zat. Organisatoren vonden het cool om dé dj van de iT te boeken, maar vergaten wel eens dat hun publiek liever meezong met "Oerend Hard".

Dus ik sloeg het meeste af, terwijl ik voor 750 gulden per avond in de iT stond. Daar was ik tevreden mee, ik had voor mijn gevoel een megasalaris. Ik leefde voor het draaien en dat ik daar ook nog 60.000 gulden per jaar mee verdiende vond ik fantastisch. Pas eind jaren negentig ging ik echt het land in. Daardoor heb ik misschien vier jaar niet kunnen cashen, maar ik had die tijd in de iT niet willen missen. Dat was gewoon mijn thuis. Het was een loyaliteit aan de club en aan Manfred, die in 1994 overleed. Hij bleek keelkanker te hebben en vanaf het moment dat hij het ontdekte was het heel snel gedaan. Vlak voor zijn dood heb ik nog afscheid genomen. Hij ontving iedereen in een woning in de P.C. Hooftstraat. Dat was even schrikken toen ik hem zag. Hij had geen nek meer doordat zijn keel helemaal was opgeblazen. Het was duidelijk dat dit de laatste keer was dat we elkaar zouden zien. Hij bedankte me, zei dat het fantastisch was geweest en drukte me op het hart om lekker door te gaan. De uitvaart was bizar, ik had nog nooit zoiets gezien. Zoveel mensen, onwerkelijk gewoon. Alle travestieten hadden zich nog eens extra uitgedost, dus het was een spektakel, maar wel een treurig spektakel. Op de begraafplaats moest iedereen een flesje drank opdrinken en dat in het graf gooien. Het was met recht een afscheid in stijl. De eerstvolgende avond dat de iT open was, stond iedereen als aan de grond genageld. De aanjager, de extravagante icoon Manfred, was er niet meer. Toen ik "Missing" opzette barstten heel veel mensen in tranen uit. Kippenvel. Vanaf toen was de sfeer anders, op de een of andere manier was de flair verdwenen en werd de iT mainstream.'

CHIPPENDALES

'Dankzij de internationale reputatie van de iT en het succes van de compilatie-cd's kreeg ik ook veel aanvragen vanuit het buitenland. DJ Jurgen introduceerde me bij Anna Knaup, die net een boekingskantoor was begonnen. Zij kon me helpen met het verwerken van al die verzoeken en met het bijhouden van mijn agenda. Ik hou van structuur, terwijl ik het zelf niet goed kan aanbrengen. Dat is niet mijn ding, maar in mijn hoofd moet het kloppen wat er gebeurt. Die aanvragen vanuit het buitenland vormden een mooie kans om wat van de wereld te zien, zolang ik in het weekend in de iT kon staan. Meestal gingen vrienden mee op pad zoals Harm en René Dubois of werd er een bevriende dj bij geboekt zoals Jurgen of Peran. Dat is natuurlijk een stuk gezelliger dan in je eentje.

De eersten die mij naar de Verenigde Staten haalden waren de Chippendales. Dat was die Amerikaanse groep strippers die destijds helemaal hot was. Tijdens een tour door Europa belandden ze in de iT en zo leerde ik ze kennen. Ze waren helemaal onder de indruk van de gekkigheid in de iT en wilden ook zulke feesten in Los Angeles en Las Vegas organiseren. Zo is de extravagante housescene van Europa naar de Verenigde Staten gegaan. Dat was een mooie ervaring: in Hollywood hadden ze club Arena afgehuurd en die zat vol met de jetset van dat moment. Op een gegeven moment staat René te kletsen met een bloedmooie vrouw in een catsuit. Hij had geen idee wie het was, maar ik wel, het was namelijk Carmen Electra, waarmee ik vervolgens op een private afterparty ben beland, tot groot ongenoegen van haar toenmalige vriend en basketballsuperster Dennis Rodman. Van wat er daarna op die after met Carmen en mij gebeurde zal hij zeker niet blijer zijn geworden.'

'Later hebben we nog zoiets meegemaakt: ergens in de Verenigde Staten zaten we in een luxehotel. René zit in het zwembad gezellig te kletsen met een vrouw en haar dochter. Ik spring er ook in en zeg voor de gein dat het er hartstikke leuk uitziet, René en zijn gezinnetje. Dan valt me op dat die vrouw erg veel op Jody Foster lijkt, en ik zeg dat tegen haar. Dom, want het was natuurlijk Jody Foster. Ik heb er nota bene zelf altijd een hekel aan als mensen op me afkomen en roepen "He, weet je op wie jij lijkt?" Ja, want ik ben het gewoon.

Na dat feest in Los Angeles is Peran daar nog een half jaar blijven hangen. Daarna heeft hij een soort luchtbrug opgezet met Nederlandse dj's die daar gingen draaien. Een van die Chippendales, Steve Castro, organiseert nog steeds feesten en is zelf ook dj.

Het draaien in de Verenigde Staten was leuk, maar het publiek moest worden opgevoed wat betreft house. Natuurlijk had je de undergroundscene in Chicago en Detroit, waar house ontstaan is, maar de rest van het land kende het helemaal niet. Toen ik voor het eerst in het MGM Hotel in Las Vegas draaide, midden jaren negentig, snapten mensen er helemaal niks van. Ze vroegen of ik alsjeblieft r&b of hiphop kon draaien. Ze vonden house te snel en begrepen niet dat er geen vocalen in zaten.

Het was pionieren. In Europa werd de trend gezet, maar in de rest van de wereld stond house nog volledig in de kinderschoenen. Ik werd dus regelmatig ingehuurd door een paar liefhebbers en stond dan voor een bijna lege zaal te draaien. Zo was ik in Mexico geboekt door een lokale drugsbaron die een openluchtdiscotheek had waar 4000 man in pasten. Hijzelf woonde in een soort kasteeltje in de bergen op een paar kilometer van El Paso, denk aan het huis uit *Scarface* met zo'n plafond op vijftien meter hoog vol Versace-versieringen. Ik moest daar op audiëntie, en die kerel, een klein mannetje eigenlijk, zegt: "So you are the guy from this record 'The Launch'! Incredible, I can't believe you are here at my place." Vervolgens vroeg ik of het een beetje druk zou worden die avond. Zegt hij: "No, for sure not. People here don't like this music, they don't know it. But you are here for me and my friends." Logisch, want die criminelen hebben het geld om over heel de wereld te vliegen en waren in tegenstelling tot de rest van de bevolking wel met house in aanraking gekomen. En inderdaad, ik kom 's avonds in een prachtige club met allemaal palmbomen. Staan er maar twintig man: die kerel en zijn vrienden, die nota bene allemaal aan de bar blijven zitten. Moest ik daar gaan draaien, totaal kansloos natuurlijk, tot ik "The Launch" opzette. Toen gingen ze uit hun dak, alle twintig.

Na die gig draaide ik op Hawaii. Dat was hetzelfde verhaal, een klein gedeelte van die mensen kenden me van "The Launch", en ontvingen me als een echte superster. Ik ging daar 's avonds draaien, zette mijn muziek op en iedereen ging op de dansvloer zitten. Dat bleek daar de gewoonte te zijn, want dan kon iedereen goed naar de muziek luisteren. Heel bizar.

Voor mij was het leuk om op al die plekken te komen, maar het was geen gekkenhuis. Neem Australië. Ik croste dat hele continent over en draaide soms voor twintig man, soms voor 2000. House was nog maar net bezig de wereld te veroveren. En ook het Oostblok was nog onontgonnen gebied, al ging iedereen daar meteen los dankzij het overmatige drankgebruik. We waren in Moskou op uitnodiging van Igor, een kickbokspromotor en fabrikant van Black Dog, een energydrankje. Hij had een kamer geregeld in het Astoria, een tophotel in het centrum. Je hebt vijf sterren, maar dit was gewoon zeven sterren. Op een avond nam hij ons mee naar een restaurant dat ergens in de bossen lag. Daar gingen we in colonne naartoe: drie van die Mercedes AMG-SUV's achter elkaar. De kaart was zeer gevarieerd: van wild zwijn tot wilde beer. En bij iedere hap kreeg je een shot wodka, dus aan het eind van de avond was iedereen compleet van de kaart, inclusief onze chauffeur. Het leek me onmogelijk dat die gozer nog kon rijden, maar hij stapte zonder probleem achter het stuur. "Aren't you afraid of the police?" vroeg ik hem, waarop hij zich omdraait, een badge laat zien en zegt: "I am the police!"

Die Igor heeft mij ook een keer geboekt voor het hoogste bedrag dat ik ooit heb gekregen: 25.000 euro. Dat was op kerstavond. Ik stond eigenlijk in de Lexion maar heb dat dus maar afgezegd. Die kerel had zijn zaakjes goed voor elkaar. We kwamen daar op het vliegveld aan en hoefden niet door de douane, maar konden direct in een gereedstaande auto stappen en werden wederom naar het Astoria gebracht. Ik draaide daar in Club Zeppelin, dat was een verbouwde bioscoop. Schitterend, daar hadden ze bubbelbaden met naakte wijven en een bezopen pianist. Dat was daar een hele bekende gozer die ineens straalbezopen achterover van zijn kruk afviel. Niemand keek op of om, dat was er de gewoonste zaak van de wereld.

Scandinavië was in het begin ook leuk, maar nu is alles zo gereguleerd dat er niks meer mag. Die hele scene ligt daar op zijn gat vanwege een heel streng drank- en drugsbeleid. Af en toe zijn er nog wel illegale feestjes in ruïnes of oude industrieterreinen waarop ik draai. Dan zitten ze daar antivries te snuiven om toch een beetje gek te kunnen doen.'

ANNA'S AGENCY

Qua wereldfaam hebben andere dj's van Anna's Agency Jean intussen dik ingehaald. Wat te denken van een Afrojack of een Hardwell? Maar zo'n 25 jaar geleden was Jan de bekendste naam die Anna Knaup vertegenwoordigde: 'In eerste instantie richtte ik me op buitenlandse dj's zoals Derrick May, Kevin Saunderson, DJ Sneak en Stacey Pullen. Dat was meer een hobby. Ik werkte heel nauw samen met Joost van Bellen, die zei dan dat hij een bepaalde dj wilde hebben en dan moest ik via via erachter komen hoe ik die dj kon benaderen. Meestal lukte dat wel. Uit het uitgaanscircuit kende ik DJ Jurgen en ben toen ook zijn boekingen gaan doen. Jurgen was weer bevriend met Jean, dé man van de iT. Jean wilde graag met me afspreken en ik ben toen in zijn huis aan de Amstel langs geweest. Hij had overal papiertjes liggen, vodjes vol met afspraken, en vroeg of ik daar orde in kon aanbrengen. Dat moest allemaal heel precies gebeuren, want Jan is een echte controlfreak. Vanaf dat moment, zo halverwege 1996, zat hij bij mijn stal.'

De vele aanvragen zorgden ervoor dat Anna al snel moest professionaliseren. 'Tot dan toe boekte ik voornamelijk buitenlandse dj's die één avond ergens kwamen draaien. Voor Jean moest ik echt een agenda maken, zonder dat ik daar een computerprogramma voor had. Het was de tijd van de Rolodex, dus het was allemaal een beetje uitvinden.'

COCKBLOCKER

Anna beheert niet alleen de agenda van Jean, maar wordt ook een soort personal assistent. 'Boeker zijn voor Jean is een 24 uursjob. Ik moest heel vaak brandjes blussen als hij bijvoorbeeld te laat was, of als hij midden in de nacht zonder benzine kwam te staan. Hij belde continu. Dan had hij net een iMac gekocht, maar dan wist hij niet hoe dat ding werkte en dan hing hij aan de lijn: "He, Ananas..." klonk het om 02.00 uur 's nachts. Jean is zakelijk gezien een heel trouw iemand die van een bepaalde vastigheid houdt. Daarom wilde hij nooit ergens anders draaien dan in de iT. Voor mij was het dus wel prettig dat de iT zo rond 2001 ophield, want daardoor kon hij eindelijk zijn vleugels uitslaan.' In het begin reist Anna vaak mee. 'Hij werd overal gevraagd om te draaien, van Colombia tot Hongarije. Maar toen meisjes begonnen te vragen of ik zijn vriendin was, noemde Jean me een *cockblocker*. Ja, toen wist ik dat hij beter met een vriend kon gaan rondreizen.'

Anna moet ook vaak nee verkopen omdat Jean veel waarde hecht aan zijn rust en een beperkt aantal dagen wil rondreizen. 'Hij heeft dus wel veel in het buitenland gedraaid, maar een echte buitenlandse carrière zat er niet in. Tiësto draaide bijvoorbeeld wel in al die kleine zaaltjes in de Verenigde Staten en Groot-Brittannië. Die toerde zichzelf helemaal de ziekte. Jean had dat er niet voor over, want je staat voor bijna niets te draaien en soms moest je er zelfs geld op toeleggen. Dan kreeg je bijvoorbeeld 500 pond, maar daarvoor was je wel minimaal een dag aan het reizen, terwijl hij hier in Nederland meerdere boekingen op een avond kon hebben voor 2500 gulden per show of meer. Hij heeft dus nooit een stevig fundament gelegd in het Britse en Amerikaanse clubcircuit, terwijl andere Nederlandse dj's dat wel deden. Ik denk dat Jean daar niet genoeg voor overhad en dat is prima.'

En er was nog een akkefietje: problemen met de Amerikaanse douane. 'Op een gegeven moment had Jean een aantal boekingen in de Verenigde Staten. Hij ging op reis met een Hells Angel die een kruisje achter zijn naam had staan. Daar waren ze bij de douane niet blij mee en toen gingen ze even verder kijken en kwamen ze erachter dat Jean naar de Verenigde Staten kwam om te draaien terwijl hij geen werkvergunning had. Zo'n vergunning was behoorlijk prijzig, ongeveer 6000 dollar. Dan moet je aardig wat boekingen hebben wil het de moeite waard zijn, maar destijds werd er niet zo streng gecontroleerd, dus het was een ingecalculeerd risico. Maar ja, met die Hells Angel erbij werd het een ander verhaal. Dit kostte Jean wel zijn Amerikaanse carrière, want hij mocht vijf jaar de Verenigde Staten niet meer in.

Ik denk dat hij dit nu soms wel jammer vindt, dat gemis van een grote, internationale carrière. Misschien was het ook wel de tijdgeest: dance was nog lang niet zo groot als nu en social media bestonden nog niet. Toen was je afhankelijk van posters en flyers. Hij had natuurlijk zijn "The Launch" als visitekaartje, maar het was gewoon een stuk moeilijker in een tijd zonder internet. Hij wordt in Nederland nog steeds heel veel gevraagd en iedereen kent hem. Hij heeft een aantal Nederlandse hits en hij is gewoon een geweldige dj. Ik ben supertrots op Jan!'

TOERISTENPLEKKEN

'We kwamen natuurlijk ook op plekken waar veel toeristen kwamen, zoals Mallorca en de Costa Brava. Ik ging daar meestal met het vliegtuig naartoe, maar pakte ook wel eens de auto. Met Peran ben ik in één nacht naar Lloret de Mar gereden in mijn BMW M3. We reden 180 kilometer per uur op de Franse snelweg, werden we ineens ingehaald door een motorrijder. Dat kon ik niet op me laten zitten, dus ik trok even door naar 240 kilometer per uur. Die gozer was helemaal nergens meer, die verdween ergens in de verte achter ons. Wij tuffen lekker door tot er in de achteruitkijkspiegel weer een stipje verschijnt. Ik knipper twee keer met m'n ogen en hop, worden we wederom ingehaald door die motorrijder. Die gozer moet 280 kilometer per uur hebben gereden. Ik drukte mijn gaspedaal zo diep mogelijk in, maar zo'n M3 haalt hoogstens 250, meer niet. Ineens horen we een keiharde doffe knal en zit heel de voorruit onder het bloed. Ik ben nog nooit zo hard geschrokken, ik kreeg zowat een hartverzakking. Wij direct aan de kant, want we zagen niks meer door al dat bloed. Bleek het een verdwaalde meeuw te zijn die onze voorruit had gekopt.

Een keer was ik met Harm op de Canarische Eilanden en we hadden het idee dat we er drie dagen konden blijven. Het was daar heerlijk: goed eten, lekker zonnetje, alles mooi verzorgd. Dus wij waren er lekker aan het relaxen, alleen werd ik steeds gebeld op mijn mobiel. Dat waren toen nog van die halve koffers. Daar had ik op dat moment helemaal geen zin in, dus ik nam niet op. Toen begon Harms toestel af te gaan. "Niet opnemen!" riep ik. Het was vast Anna, mijn boeker, die voor allerlei zakelijke beslommeringen aan de lijn hing. Laat maar even. Uren later, het was een uurtje of vijf 's middags, belde ze weer. Ik dacht: ik poeier haar wel even af, maar toen zei ze: "Waar blijven jullie nou, jullie hebben je vlucht gemist! Je moet vanavond in Amsterdam draaien!" Dat optreden heb ik toen even moeten laten schieten.

Op Mallorca hadden Harm en ik lekker zitten drinken op een terrasje. Helemaal dronken natuurlijk, dus wij stappen in een taxi en geven de naam van ons hotel op. Die taxi begint aan een ellelange rit waarbij we uiteindelijk half Mallorca hebben gezien en 100 gulden moesten aftikken. De volgende ochtend loop ik het hotel uit, ga een poortje onderdoor en sta op precies hetzelfde terrasje als de avond ervoor.

Op Ibiza heb ik een keer een pilletje uitgeprobeerd tijdens een afterparty. Die avond draaide ik bij de voorloper van Privilege, de Ku Club. Daarna gingen we door naar een privéfeestje waar de dj booth direct naast het zwembad stond. Ik begon om 06.00 uur, was niet meer te stoppen en stond om 13.00 uur 's middags nog te draaien. Maar toen was de koek ineens op en viel ik zo, plons, achterover in het water. Wij waren daar toen voor een feest van Jelle, een grote speler uit het Amsterdamse circuit. Ik kende hem vanuit de iT. Op een gegeven moment zat de politie en de belastingdienst hem op de hielen. Hij vertrok naar Ibiza om een beetje onder de radar te blijven en om feesten te geven. Hij wilde zijn laatste geld investeren in een tent die nogal afgelegen lag. Ik raadde het hem af, maar hij deed het toch. Tien jaar later was het dé hotspot voor wereldsterren: de Blue Marlin, inmiddels een zaak die meer dan 300 miljoen euro waard is. Van die gozer hoor ik nu helaas helemaal niks meer, haha.

’s Zomers kwamen Harm en ik altijd in Lloret de Mar, samen met Darkraver. Op een nacht had ik gedraaid in de Tropics en ging ik nog even langs zijn appartement. Raver zat dan meestal nog te gamen met een paar vriendjes. Dus ik sta buiten op straat te schreeuwen en stenen te gooien naar zijn raam om zijn aandacht te trekken. Op dat moment komt de guardia civil langsgereden. Ik gooi een leeg flesje cola hun kant op en prompt springen ze uit die auto en komen met knuppels op ons af. Harm en ik doken meteen de nauwe steegjes in en renden de longen uit ons lijf. Ontzettend kinderachtig natuurlijk, maar wij hadden de grootste lol. Ik heb een gespleten persoonlijkheid, het is een soort schizofrenie: door de week ben ik introvert en op mezelf, maar in het weekend onderga ik een transformatie en kan ik helemaal doordraaien tot op het absurde af. De laatste drie jaar is het wel wat minder. Ik ben nu wat vaker voor rede vatbaar. Dat moet ook wel, want als je nu iets uithaalt staat het meteen op internet. Een rebel zal ik altijd blijven, maar nu ben ik een rebel die op zijn tellen past.

We waren nooit lang in het buitenland, want ik wilde iedere week in de iT draaien. Ik stond daar boven op de rots, al liet ik er wel vriendjes van mij draaien zoals Mark van Dale, DJ Jurgen en DJ José. Met die halve uurtjes in de iT konden zij zich weer verkopen in Spanje. Mijn grote voorbeeld heb ik er ook neergezet: All Star Fresh. Die draaide daar als DJ Juan.’

VOORAL NEGERINNEN

Steve Sweet, beter bekend als Darkraver, heeft de nodige overeenkomsten met Jan. Zo zijn ze van dezelfde generatie, zijn ze eind jaren tachtig begonnen met draaien en groot geworden in de jaren negentig en staan ze bekend als liefhebber van vrouwelijk schoon. Met als enig verschil dat Steve tegenwoordig aan de vrouw is, iets wat Jan hem nog steeds kwalijk neemt. Hoewel een Hagenees, kwam Darkraver begin jaren negentig regelmatig in de Amsterdamse iT. 'Op zondag, als ik klaar was met draaien. Jan was daar dan ook aan het stappen, op zijn vrije avond. We droegen toen al allebei een pet, dat schepte meteen een band.' Een andere overeenkomst: beide dj's houden van snelle auto's. 'Als een van de eersten had Jean de nieuwe BMW M3. En ik had net een BMW 535. Gingen we na het uitgaan de A12 op. Racen, stilstaan. Gekkenhuis, joh.'

Ze hielden wel van een relletje, ook over de grens, zo eind jaren negentig. 'Aan de costa's was het in de zomer altijd bal. Ik was daar dan met een hele hardcorekliek. Jan ging overal waar hij kwam los, met wie hij ook was. Vrouwen was hij ook niet vies van, vooral negerinnen. Die moest ik dan voor hem regelen. En dan regelde hij een blondine voor mij. Jan roept weleens dat hij duizend vrouwen heeft geneukt. What the fuck, dat is bijna onmogelijk. Maar ja, met dat libido van hem, geloof ik hem ook nog!'

Jan is dan ook geen man voor een relatie, denkt Darkraver. 'Hij vindt het ook jammer dat ik nu een vriendin heb. Toen dat bekend werd, kreeg ik nog bericht van hem: "Steve, jij was mijn laatste hoop! Wij twee waren bestemd om als vrijgezellen te sterven. Je hebt me in de steek gelaten."'

Darkraver draait net als Jan nog steeds overal in Nederland, vaak samen met Outsiders. Die weet nog wel een anekdote over Koningsdag. 'Het was een jaar terug, met SLAM! op het Rembrandtplein in Amsterdam. We waren daar backstage met Chuckie en Partysquad en zo. Gezellige boel. Er viel een jongen flauw in het publiek, dus die werd naar achter gedragen. Zijn vriendin bleef wachten bij ons. Jan die chick regelen, terwijl die gast gewoon werd geholpen door de EHBO. Maar Jan trekt die chick zo de Dixi in. Zeven minuten later liep hij breed lachend naar buiten. Dus dan wist je het wel...'

Jan mag bij zijn collega's dan bekendstaan als rokkenjager, ze kennen hem ook als goedzak. Outsiders: 'Jean heeft meegespeeld in mijn video voor "Rebel Baby", niemand kende mij nog. In een dronken bui had Jean geroepen dat hij bij de opnames zou zijn, dus ik dacht: het zal wel. Kwam hij de volgende ochtend vroeg gewoon aanrijden in z'n Maserati. Zo is Jan, een man van zijn woord.'

AFTERPARTY'S

'Eind jaren negentig was ik wel klaar met de zaterdag in de iT. De club had zijn glans verloren, het werd een aflopende zaak. Ik had aan de toenmalige bedrijfsleider Edwin gevraagd of hij iemand anders op die dag kon neerzetten en daar ging hij mee akkoord. Hierdoor kon ik eindelijk wat vaker buiten de iT gaan draaien. Een regulier weekend zag er toen zo uit: vrijdag Madhouse in de iT, zaterdagochtend Dino's, zaterdagavond *Van Diepens Dance Department*. Dan sliepen we vaak ook nog even in de studio aldaar, daarna vier boekingen in het land met als afsluiter een after in het land of bij mij thuis, even kijken of er op zondagavond nog iets te doen was en dan naar bed. Van vrijdag tot en met maandagochtend was het één grote roes. Af en toe slapen, soms met wat wijven erbij.

In het Westelijk Havengebied van Amsterdam had je Dino's. Dat was het afvoerputje van alle afterclubs die ooit hebben bestaan. Open op vrijdag-, zaterdag-, zondag- en maandagmorgen. En natuurlijk was de maandagmorgen het verschrikkelijkst. Elke zichzelf respecterende crimineel, hoer en shoarmaboer kwam daar. Het was het sodom en gomorra van Nederland. Ik draaide daar een paar keer in de maand en kwam dan meestal als eerste binnen. Dan gingen we even een tosti of iets eten en intussen liep die tent vol. Een keer moest Harm even pissen en loopt naar de wc's. Daar komt een bezoeker binnen die zijn zonnebril afzet en hem schoon begint te maken in de zeikstraal van Harm. Die kerel dacht dat het urinoir een wasbak was! In welke toestand verkeer je dan? Dat is echt de Dino's.

Een andere keer stond er op de dansvloer een gozer allemaal rare bewegingen te maken met zijn armen, het was net een pantomimevoorstelling. Ik vroeg aan de eigenaar of hij even kon checken wat die gast aan het doen was. Zegt hij: "Ik ben een muur aan het metselen voor mijn nieuwe huis." Daar bleef hij nog anderhalf uur mee bezig. Het publiek was altijd goed vernacheld op die afterparty's. Zo waren we in Zaandam bij After Hour Power. Het liep op zijn einde en er waren nog maar 150 man binnen. Je had daar van die hoge blokken op de dansvloer, een soort podia. Een meisje dat daarop staat te dansen glijdt uit en klettert zo naar beneden. Haar linkerbeen was duidelijk gebroken, want die lag in een bocht die niet echt natuurlijk was. De lichtman heeft dat niet door en zet de rookmachine aan, recht in haar gezicht. Dat moet gewoon een marteling zijn geweest. Even later werd ze opgehaald door een ambulance. Maar ja, iedereen was al zo ver heen: niemand keek op of om toen ze werd weggereden op een brancard. Iedereen danste vrolijk door. Het kwam ook niet in me op om de muziek stil te leggen. Zo ging dat destijds.

Die afterparty's in het land waren ook leuk. We draaiden een keer ergens in het zuiden en werden door een of andere rijke patser uitgenodigd om bij hem te afteren. Hij vertelde dat hij in zijn woonkamer een waanzinnige dj booth met alles erop en eraan had staan. Nou ja, prima, wij daarnaartoe en die man had inderdaad niks te veel gezegd. Dus ik begin met draaien, vraagt die man ineens of hij mijn auto mocht lenen, want hij moest naar de kerk. Beetje vreemd, maar ik had toen een BMW M3, dus ik snap wel dat je daarin wilt rijden. Ik gaf hem de sleutels, maar een uur later was hij er nog niet. Zaten we in de middle of nowhere zonder dat we ook maar enig idee hadden waar die kerel uithing. Ja, in de kerk, maar daar had je er daar honderden van. Wij helemaal in de stress, maar aan de andere kant: wij hadden zijn huis, hij slechts mijn auto. Gelukkig stond hij na anderhalf uur weer voor de deur.

Soms had zo'n nacht een minder leuk einde. Na een optreden in de Carrera in Rotterdam liep ik met Harm naar de frietkar die ertegenover stond. Op dat moment wordt er een gozer uit de club gezet door de portiers. Die jongen zat onder het bloed, had geen shirt meer aan en begint te dreigen dat hij terugkomt met een pistool. "Je komt er nog wel achter," bleef hij maar roepen.

Helaas bleef het niet bij dreigen, want twee minuten later is hij terug en begint hij te schieten. Lagen wij dus ineens achter de frietkar. Gelukkig geen doden. Dat zou pas later gebeuren.'

ZOETE INVAL

DJ Jurgen (Jurgen Rijkers) kent Jean nog uit Boudisque. Het was voor hem de periode waarin hij drive-inshows deed voor onder andere Veronica. Om ook voet aan de grond te krijgen in het clubcircuit, richtte hij zich aan het begin van zijn dj-carrière op afterparty's: 'Dj's als Marcello, Dimitri en Remy maakten toen de dienst uit. Daar kwam je moeilijk tussen, dus het leek me handig om via die afterparty's naamsbekendheid op te doen.' Jurgen draait regelmatig tijdens de After Hour Power in The Palace in Zaandam. 'Vaak samen met Jean. Daar stonden dan om 06.00 uur 's ochtends duizend man te wachten en gingen we door tot twee, drie uur 's middags. Jean is daar wel eens boven zijn platen in slaap gevallen. Werd het ineens stil omdat hij met zijn arm op de plaat leunde.' De twee draaien ook samen in de iT. 'Het was daar altijd een zoete inval. Een keer was ik er aan het draaien en stond Jean continu in de weg. Ik probeerde hem opzij te duwen, maar hij bleef daar maar staan, ik kon nauwelijks bij mijn platenbak. Achteraf zegt mijn vriendin: "Had je niet door dat Jan daar gepijpt werd?" Ha, nee dus. Ik was heel geconcentreerd aan het draaien.'

Ook kopen ze vaak samen platen. 'Bij Rhythm Import in

Den Haag wisten ze precies wat we wilden hebben. We hebben ook een periode gehad waarin we één keer per maand naar Londen gingen om platen te kopen. Zo kon je een tijd lang je eigen geluid laten horen, omdat niemand anders die platen had. We hadden nooit mot over wie welke plaat wilde hebben, want Jan draaide clubhouse en ik ging steeds meer richting clubtrance.'

Ze worden ook vaak samen in het buitenland geboekt. Jean dankzij het succes van de iT-compilatie-cd's, Jurgen vanwege zijn hit 'Better Off Alone' en zijn DJ Jurgen-compilaties, die met name in Noorwegen aansloegen. 'Daar verkocht ik 20.000 albums, net zoveel als in Nederland, terwijl in Noorwegen maar 1,6 miljoen mensen woonden. Dance was daar eind jaren negentig heel groot, je had bijvoorbeeld Hyperstate, waar 30.000 man op afkwamen. Ik was daar een keer geboekt met Jean en de Klubbheads en ik kwam direct van Mysteryland af. Op het vliegveld werden we aangehouden omdat er een drugshond was aangeslagen. Stonden we ineens in onze blote kont om gecheckt te worden. Jean had toen net de track "Lift Me Up" uit, dus dat werd "Lift My Balls". Uiteindelijk hebben ze niks kunnen vinden, waarschijnlijk plakte er nog iets aan onze platen waar wij niks van wisten. Jean moest daar in een hoogwerker draaien, maar hij heeft hoogtevrees. Toen heb ik die jongen die dat ding bediende de opdracht gegeven om zo hoog mogelijk te gaan. Vond Jean niet leuk natuurlijk. In Noorwegen waren ze altijd heel streng als het om sterkedrank ging. Dan mocht ik in de dj booth geen cognac drinken, dus dan kreeg ik een kopje thee. Gevuld met cognac. In Las Vegas was het ook zo streng. Jean is zelfs een keer de club niet binnengelaten omdat hij geen ID bij zich had.

Hij mocht wel achterlangs de dj booth in, maar niet de zaal in. En na 03.00 uur 's nachts mocht je er niet meer drinken, toen moest ik mijn cognac inleveren. Nou, no way natuurlijk.'

Tijdens hun buitenlandse avonturen krijgt Jurgen regelmatig te maken met de flirtcapaciteiten van Jean. 'Er wordt wel eens gezegd dat al die vrouwen alleen op hem afkomen omdat hij een bekende dj is, maar dat is gelul. We kwamen in Colombia aan, checkten in bij een hotel en Jan vond die accommodatie helemaal niks. Dus hij loopt boos naar buiten en keert binnen vijf minuten terug met een meisje. Die was meteen straalverliefd en volgde ons overal mee naartoe. Op Kreta gingen we even kijken bij Star Beach, waar we de volgende dag moesten draaien. Maar binnen de kortste keren had Jean alweer een meisje geregeld. Die twee gingen aan de slag tussen de waterscooters, maar ik had geen zin om te wachten en ging weer terug naar onze villa. Jean had geen idee wat het adres was en kwam pas 's avonds daar aan. Was hij helemaal over de zeik. Ja, alsof ik een uur ga wachten tot meneer tijd heeft om weer mee te gaan!'

5

HOLLEEDER & HELLS ANGELS

‘Elke vrijdag kwam er in de iT een clubje Hells Angels langs. Ze hadden achterin een eigen hoekje en vormden de House Division van de Hell Angels: supergrote gasten die helemaal lijp waren van house. Hierdoor waren ze de buitenbeentjes van die club, want de meesten daar waren onvervalste rockers. De kern van de House Division werd gevormd door Ed, Nico, Klokkie en Scheppie. Van die laatste twee heb ik de echte namen nooit geweten. Klokkie heette zo omdat hij in horloges deed, Scheppie was gewoon Scheppie.

We raakten met elkaar in contact en na een paar maanden werden Harm en ik op het clubhuis op de Wenckebachweg uitgenodigd om er te draaien. Normaliter mochten daar geen buitenstaanders komen, zelfs de politie durfde hun gezicht er niet te laten zien, maar ik werd met alle egards ontvangen. Zo’n dj-set was een nieuw dingetje op de club, bedacht door de House Division. De oudere generatie van de Hells Angels was er niet echt van gecharmeerd, maar met een paar biertjes op vonden ze het wel oké. Zodra ik klaar was met mijn set werd er meteen weer rock opgezet. Toch draaide ik er na verloop van tijd zo’n beetje elke dinsdag.’

'Die jongens van de House Division vonden het leuk om een bekende dj als verkapt erelid te hebben en ik kon het goed met ze vinden, want het was altijd lachen, gieren, brullen. We stonden hetzelfde in het leven: we hadden allemaal schijt aan autoriteiten en het gezag. Dat rebelse was op mijn lijf geschreven, ik voelde me er als een vis in het water. Niemand kon ze toen iets maken, ze hadden de politie in hun zak. Als er eentje op straat stond te pissen en er kwam politie voorbij, dan kreeg diegene echt geen boete voor wildplassen. Door hun manier van doen kreeg ik ook het gevoel dat ik onaantastbaar was. Als ik werd aangehouden door een agent, dan sloeg ik gewoon zijn helm van zijn hoofd. Het was toen een totaal andere wereld wat betreft gezagsverhoudingen.

Op die avonden in het clubhuis ging het er heftig aan toe. Ze vochten vaak onderling. Soms voor de lol, soms ook niet, dan werd er een rekening vereffend. De barkrukken vlogen in het rond en dan moest je echt dekking zoeken. Ook sneuvelde er regelmatig een ruit omdat er een leeg bierfust doorheen zeilde. De Dino's was er niks bij. Soms werden er hoeren ingehuurd, die werden op barkrukken rondgetold en dan moesten ze erna naar het biljart lopen. Dat ging natuurlijk niet goed.

Dat clubhuis was geweldig. Ik was er altijd kats van de kaart en dat werd geaccepteerd, maar je moest geen gekke dingen doen, dan was ook ik daar zeker de tent uitgetrapt. Je moest daar wel te allen tijde je plaats weten. Voor een buitenstaander was het ongetwijfeld heel intimiderend, maar ik vond het prachtig. Dus ik was daar regelmatig, net als Sam Klepper en Willem Holleeder. Om eerlijk te zijn had ik destijds geen idee waarmee die twee zich bezighielden. Ik dacht heel naïef dat als je een grote crimineel was, je ook fysiek groot moest zijn, net als die Hells Angels. Die waren allemaal twee meter lang en twee meter breed. Maar die Klepper, dat was een klein mannetje met een strooien hoedje. Hij was altijd megarelaxed en heel geïnteresseerd in het draaien. Pas toen hij in 2000 werd neergeschoten, kreeg ik in de gaten dat het niet om kruimeldieven ging.'

ALTIJD SCHERP

'Holleeder is een van de scherpste mensen die ik ooit in mijn leven heb ontmoet. En met scherp bedoel ik dat hij alles, echt alles in zijn omgeving in zich opnam. Het leek alsof hij ogen in zijn achterhoofd had, want geen detail ontging hem. Dat is me verschillende keren opgevallen. Zo stonden we met een man of zeven in een kringetje wat te kletsen. Big Willem, Sam, ik en nog een paar gasten. Ik wierp tijdens het gesprek een paar keer een blik op het horloge van Holleeder. Dat was een Rolex Daytona, een zilverkleurige met een witte wijzerplaat. Dat was een heel exclusief model, als je er eentje wilde hebben, dan werd je op een wachtlijst van een paar jaar gezet.

Een tijdje later vertelde Holleeder me dat hij een discotheek net over de grens in België kon kopen. Hij vroeg of ik met hem meeging om te kijken of het een interessante deal was. Dus wij met twee auto's daarnaartoe. Op de snelweg reed ik in het donker achter hem. Op een gegeven moment moest ik er bij een benzinepomp af. Ik doe mijn knipperlicht aan en nog voordat die goed en wel zat te knipperen, had Holleeder het al door en nam hij als eerste de afslag. Die reactiesnelheid was ongekend. Alles wat er om hem heen gebeurde, had hij in de gaten. Die discotheek bleek overigens niks te zijn, dus ik adviseerde hem om die tent niet over te nemen.

Een week later stond hij ineens voor de deur met een pakketje. Ik had werkelijk geen idee wat dat zou moeten zijn. Hij geeft mij dat doosje, ik pak het uit, blijkt er een zilveren Rolex Daytona met witte wijzerplaat in te zitten, precies dezelfde als hij ook had. Ik schrok ervan en vroeg wat het te betekenen had. "Jan," zegt hij, "jij bent zo'n drukke dj. Als jij de tijd neemt om met mij naar België te gaan om daar een club te bekijken, dan is me dat best wat waard. Vier maanden terug zag ik je op het clubhuis een paar keer naar mijn klokkie kijken, dus ik dacht dat je het wel tof zou vinden." Dat horloge kostte 13.000 gulden en stond natuurlijk niet in verhouding als bedankje voor het op en neer naar België rijden, maar Holleeder vond het de gewoonste zaak van de wereld. Ik wilde het eerst niet aannemen, maar hij stond erop. Tsja, dan kun je moeilijk weigeren. Later wilde hij geld steken in de Raffles op het Leidseplein. Daar viel volgens mij nog wel wat leuks van te maken, dus toen heeft hij daarin geïnvesteerd.

Tijdens die afpersingszaak in 2006 bleek dat het een beruchte werkwijze van Holleeder was: iemand overstelpen met dure cadeaus zodat diegene bij hem in het krijt kwam te staan. Maar in mijn geval is hij er nooit op teruggekomen. Ik heb in ieder geval nooit narigheid met hem meegemaakt. Hij vroeg wel eens of ik hem op de gastenlijst kon zetten van de iT of de Bells Club in Amstelveen. Dat vond ik geen probleem. Holleeder had op die avonden altijd lekkere wijven om zich heen, maar ja, hij had dan ook wat te verteren. Dat zie je nu weer met die grote Marokkaanse spelers van de mocromaffia. Die geven ook makkelijk vijf- tot tienduizend euro op een avond uit en daar komen ook al die vrouwen op af. Die jongens probeerden ook wel eens de iT binnen te komen. Die kwamen dan in groepen en waren nog ondergeschikt aan de Amsterdamse zware jongens. Ze werden niet binnengelaten, tenzij het iemand was uit de hoogste rangen. Maar wat deed die gast die dan wel naar binnen mocht? Die ging weer naar buiten, kreeg een stempel zodat hij weer naar binnen mocht en gaf zijn stempel dan via zijn pols door aan zijn vrienden. Dat ging goed totdat portier en vechtmachine Dick Vrij en zijn kornuiten dachten: hé, hoe komt het toch dat al die Marokkanen hier rondlopen, die hebben we toch niet allemaal binnengelaten? Toen kwamen ze erachter dat al die stempels in spiegelbeeld op hun polsen stonden. Tsja, en toen die leider weer om een stempel kwam vragen was het natuurlijk hommeles. Dick pakte die stempel en ging helemaal los op het hoofd van die gast. "Hup en nu naar binnen," riep Dick. Dan hielden die gasten het weer even voor gezien.

Die Rolex van Holleeder heb ik overigens intussen al lang en breed verkocht. Kon ik mooi een stuk of vijf hippe klokkies van deze tijd voor terugkopen.'

GALA'S & TMF AWARDS

'Op een gegeven moment werden we door de Hells Angels ook uitgenodigd voor andere dingen, zoals freefightgala's. Dan vertrokken we vanaf het clubhuis in colonne en gingen we eerst naar Hotel Breukelen om wat te eten. Het was altijd geinen. Dan zaten we aan tafel en hadden die Hells Angels als gimmick om een fles Maggi leeg te drinken. Harry Stoeltie, toen de *vice president*, had een opgevoerde BMW5. Ik reed toen een Porsche en op weg naar zo'n gala gingen we even een wedstrijdje doen op de A2. We haalden zo'n 250 kilometer per uur, maar die Stoeltie zat met vijf zware Hells Angels in de auto, dus kon hij mij niet inhalen. Blaast hij ineens zijn motor op. Stond hij daar met een gloednieuwe auto langs de weg. Toen kon dat nog, dat was totale anarchie.

Dat Hells Angels-clubje ging ook wel eens met mij mee. In 2000 werd ik uitgenodigd voor de TMF Awards omdat ik genomineerd was voor een award. Dat leek de House Division wel een leuk feestje, dus we gingen op pad naar Ahoy, inclusief Hells Angels-president Big Willem. De organisatie raakte helemaal in paniek toen ik daar aankwam met mijn gevolg. Maar ja, ik was de belangrijkste dj van Nederland, dus wat konden ze beginnen? Iedereen ging gewoon mee backstage, hoewel niemand het juiste polsbandje omhad. Al die artiesten wisten niet wat er gebeurde met al die Hell Angels in *full colours*. Het was er open bar, dus wij gingen gezellig met flessen wodka in de weer en iedereen schoot volledig in de stress. Marc Anthony liep er rond, toen een beroemde zanger. Big Willem grijpt hem bij zijn kladden, houdt hem in zijn armen als een baby en vroeg toen pas of hij een foto kon maken. Nou, daar kon maar een heel zuinig lachje van af. Die beveiligers durfden er niks van te zeggen, want die Hells Angels waren met veel meer.

De volgende dag werd ik op het matje geroepen. Ik kreeg een telefoontje met de mededeling dat dit echt niet kon en dat het nooit meer mocht gebeuren. Ach, uiteindelijk hebben we een hoop lol gehad en heeft iedereen zich prima gedragen. Volgens mij kan dat prima. Het is maar net hoe je het aanpakt. Tijdens de eerste paar edities van Sensation waren er wat problemen met voetbalhooligans. Toen heeft ID&T op mijn voorstel wat Hells Angels ingezet en is er geen onvertogen woord meer gevallen.

Mijn lieve mammie en pappie op hun trouwdag, 19 mei 1967.

Mijn eerste sportwagen.

(links) In de voegsporen van papa. (midden) Hoera! Ik ben vier jaar geworden (in de rode trui). (rechts) Lekker aan de knutsel op school.

Chillen met Dandie Dinmont-terriërs Pepijn en Ianthe (1984).

Slimfit bestond toen blijkbaar nog niet…

Boer Jan met zijn eerste vriendinnetje.

In de finale van de nationale mix-kampioenschap in de Locomotion in Zoetermeer (1988).

De eerste grote houseparty In Nederland In het Beursgebouw in Eindhoven. Uhh iemand nog een pilletje?

Gelukkig worden mannen knapper naarmate ze ouder worden.

Prille beginfase in de legendarische club iT (1992).

Bedrijsfuitje Anna Agency, derde prijs karten samen met Martijn Krabbé en Ronald Molendijk.

H2O Festival te Kaapstad samen met Hells Angel vriend Ed.

It's getting hot at Mambo Beach Curaçao.

De iT.

Politie-inval iT.

Politie doorzoekt de dansvloer van de iT.

Discotheek iT tijdelijk dicht na drugsinval

door John van den Heuvel en Gijsbert Termaat

AMSTERDAM, maandag

De personeelsleden die bij de politie-inval in de Amsterdamse discotheek iT zijn opgepakt mogen nooit meer in de horeca werkzaam zijn. Ook moeten zij, als hun schuld wordt bewezen, persoonlijk verantwoordelijk worden gesteld voor de bedrijfsschade die de internationaal vermaarde danstempel oploopt door de tijdelijke sluiting die waarschijnlijk morgen ingaat.

Exploitant

Dat zegt voorzitter Huub Verweij, van de Amsterdamse afdeling van de Koninklijke Horecabond Nederland. „Vooralsnog lijkt het dat de exploitant de dupe is van wat portiers van de disco allemaal hebben getolereerd. Onderzoek moet uitwijzen wie er allemaal bij betrokken zijn, maar deze mensen mogen nimmer meer een baan krijgen in onze branche."

Xtc-pillen

De Amsterdamse politie heeft tijdens de inval, die in de nacht van vrijdag op zaterdag plaatsvond, vele honderden xtc-pillen, zakjes cocaïne en een kleine veertig buisjes met de nieuwe uitgaansdrug ghb in beslag genomen. Twaalf personen werden opgepakt, onder wie een aantal portiers van de iT en een huisdealer.

Zie verder pag. 6 kol. 1

DISCO iT

VERVOLG VAN PAGINA 1

Vier van hen zitten nog vast.

De politie besloot tot de spectaculaire overrompelingsinval na maanden van onderzoek, waarin duidelijk werd dat er via de voor- en achterdeur drugs de zaak binnenkwamen, met goedkeuring van het bewakingspersoneel. Bij het onderzoek werden undercover-agenten ingezet. Geconstateerd werd dat er openlijk in harddrugs werd gehandeld.

De Amsterdamse politie verwacht dat de iT morgen dicht zal gaan. „We hebben vandaag overleg met de burgemeester en hem zullen wij adviseren de iT te sluiten", zegt woordvoerder Klaas Wilting. „Terugkijkend hebben we een zeer geslaagde actie uitgevoerd. In het voortraject hebben we kunnen constateren dat er heel wat loos is in de iT, maar nu we de balans kunnen opmaken is het erger dan we verwacht hadden."

Op het moment van de inval, waaraan tweehonderd politiemensen deelnamen, waren 450 bezoekers in de iT aanwezig, die allemaal gefouilleerd werden op het bezit van drugs of wapens.

Op het moment van de inval, waaraan tweehonderd politiemensen deelnamen, waren 450 bezoekers in de iT aanwezig, die allemaal gefouilleerd werden op het bezit van drugs of wapens.

De extravagante discotheek kwam de afgelopen jaren veelvuldig met de politie in aanraking. Het korps registreerde de afgelopen twee jaar 68 incidenten waarbij de iT was betrokken.

Knipsels over de inval in *De Telegraaf*, (juli 1999).

Dance Tour
Leeuwarden, 2007.

Dance Valley, 2007.

Madhouse Stage,
Dance Valley.

Dance Valley, 2009.

Madhouse Stage, Dance Valley 2008.

Dé Dsquared-jas.

Dus dat…

Iets minder mazzel met de Maserrrr…

Ik heb het zwaar
naar mijn zin!

*Master of the
wheels of steel.*

Zo werkt het dan ook weer. Overigens zou zoiets vandaag de dag onmogelijk zijn, Hells Angels die de beveiliging doen!'

BODYGUARD

'Een paar jongens van de House Division gingen zo nu en dan met me mee naar het buitenland en fungeerden dan als bodyguard. Ze kregen niks betaald, het was meer voor de gezelligheid. Ik was goed bevriend geraakt met Ed. Die was voor niemand bang. Hij was van top tot teen getatoeëerd, wat voor die tijd nog echt ongebruikelijk was. Toen we een keer in Lloret de Mar waren, werd er iets over die tatoeages naar hem geroepen door een groep kampers uit België. "Hé, sta eens stil, wat staat daar allemaal op?" riep er eentje om te stangen. Maar Ed is totaal onverschrokken en wimpelde die gozer af. Meteen de rest erbij, zo'n twintig man in totaal. Ik maande Ed tot doorlopen, maar dat zag hij niet zitten. Hij zei dat ik maar even verderop moest gaan staan, dan handelde hij die kampers wel af. En die groep draaide om hem heen als een leeuw om zijn prooi. "Kom maar," riep Ed, "maar wel een voor een." Hij maakte zich breed en al die gasten dropen af. Ik heb hem in de iT ook regelmatig drie tot vijf man zien neerslaan. Engelse hooligans bijvoorbeeld. Zonder problemen. Een keer had hij ruzie met een hele grote Joegoslaaf. Die kerel kwam aan het einde van de avond bij mij klagen over een cassettebandje of zoiets. Hij begon in ieder geval goochem tegen mij te doen. Ed stond vlak bij de dj booth en zegt tegen die Joego dat het mooi is geweest, dat hij moet ophouden. Die gast roept: "En wat moet jij dan?!" *Boem, boem, boem, boem.* Vier klappen en daar lag hij. Die gast werd zo verschrikkelijk in elkaar getrapt, dat was gewoon onmenselijk. Later is hij naar me toe gekomen en vertelde dat hij nog nooit zo snel, zo hard in elkaar was geslagen.

Op een gegeven moment werd het contact met de Hells Angels minder. De iT ging dicht, ik verhuisde naar Almere en kwam steeds minder vaak langs. Met Ed heb ik nog wel af en toe contact. Hij heeft nu een reguliere baan. Of nou ja, hij beveiligt schepen voor de kust van Afrika. Niet echt regulier natuurlijk, maar vergeleken met toen is hij in, nou ja vooruit, wat rustiger vaarwater beland. Overigens blijf ik nog altijd een zwak houden voor outlaws zoals de Hells Angels. Ik zie mijzelf namelijk ook, weliswaar op een iets andere manier, als een rebel en een outlaw en dat schept toch een soort van band.'

6

DE HITS

'Aan de deur bij de iT stond Peran van Dijk, hij controleerde de kaartjes van de bezoekers. Dat was voor hem een bijbaantje, want hij was eigenlijk producer. Met Wessel van Diepen had hij net onder de naam Luvspunge de track "Didn't I Give Your Love" uitgebracht. Dat was echt een lekker groovy clubhitje. Ik wilde ook zo'n plaat en vroeg Peran of wij samen een track konden maken. Binnen de kortste keren had hij zijn apparatuur bij mij thuis neergezet, een sampler, een synthesizer en nog wat spul, en gingen we aan de slag. Althans, dat was de bedoeling. Na een paar sessies kwam de klad erin, want ik had het gewoonweg te druk met draaien. En Peran intussen ook, want ik had hem gevraagd te beginnen met dj'en zodat hij voor mij kon opwarmen. Die gozer is zo muzikaal dat hij binnen een paar weken oefenen prima kon mixen en met mij mee kon. Maar goed, toen zaten we dus met een track die nog lang niet af was. Gelukkig kende Peran wel iemand: Kenneth Heuvel, alias The House Negro. Die stond net als Peran ook aan de deur bij de iT en was ook muzikant. Hij heeft die track toen binnen een week afgemaakt met wat vocalen en een orgeltje erbij, het was helemaal van die tijd. Het nummer heette "I Give My Life". Het was de eerste track van het label iT Records van Rhythm Import en verscheen op een soort mini-ep, want we hadden er nog twee nummers opgezet: "Flair", een track die Peran, Kenneth en Wessel hadden gemaakt, en "U Got Me Feeling", die had Kenneth in zijn eentje maakte. "I Give My Life" was een lekker nummer en werd een clubhit.

Na een paar maanden werd het tijd voor een opvolger, maar er was één probleem: ik was dus met Peran naar de Verenigde Staten gegaan om te draaien op die feesten van de Chippendales, en hij was daar blijven hangen. Toen hebben we op afstand "Let Yourself Go" gemaakt. Hij liet per telefoon wat dingetjes horen en daar kon ik weer op reageren. Ondanks die afstand werd het een goede clubplaat. Wessel heeft nog de clip gemaakt. Die was op vakantie in Miami met zijn toenmalige vriendin Irene van der Laar. Die staat drie minuten lang heel zwoel '*let yourself go*' te playbacken. In de Top 40 kwam het niet hoger dan nummer 29, maar in de clubs deed de track het best goed.

Intussen was Peran zo succesvol als dj dat hij nauwelijks meer tijd had om nog nieuwe projecten met mij op te starten. Bovendien was hij ook met andere dj's in de weer. We hebben nog een paar remixen gedaan en daarna ben ik met de Klubbheads gaan samenwerken.'

DJ-NOMADE

Koud terug uit Brazilië maakt hij zich alweer op voor een reis richting Polen, om daarna door te vliegen richting het Verre Oosten. Peran heeft over heel de wereld vrienden zitten en hij is overal welkom om te draaien. 'Allemaal dankzij Jean.

Zonder hem was ik nooit dj geworden. Hij wilde iemand die voorafgaand aan zijn set het publiek kon opwarmen, en daar vroeg hij mij voor. Schitterend, in één keer stond ik overal te draaien: Duitsland, Israël en dus ook de Verenigde Staten. De Chippendales Steve Castro en TJ Hoban hadden voor een paar weken een club gehuurd, maar Jean moest weer terug om te draaien in de iT. Ik kon er echter gewoon blijven en had zo'n beetje alle platen bij me die op de iT-cd's 5 en 6 stonden. Voor mij was het een grote kans, en voor die jongens was het ook leuk, want heel de wereld had het destijds over de iT en zij hadden dus iT-dj's op hun feesten.'

Het eerste nummer dat onder de naam DJ Jean & Peran uitkwam was dus 'I Give My Life'. Kenneth Heuvel maakte het nummer met apparatuur die hij nauwelijks kende. 'Peran moest weer eens naar het buitenland en had alles bij mij gestald, dat vond hij een veilig idee. Mijn buurjongen had in Londen een cd met vocaaltjes op de kop getikt en die gingen we even beluisteren. Om uit te vogelen hoe die apparatuur van Peran werkte, plukte ik er een paar samples af en verwerkte die in een nummer. Dat werd "I Give My Life". En na nog een week pielen kwam "U Got Me Feeling" eruit. Het is zonde dat we bij "I Give My Life" geen clip hebben gemaakt, want in de club deed hij het heel goed.'

Ook bij Kenneth stond Jean aan de basis van diens dj-carrière. 'Ik gaf Jean een lakkertje, dat is een stalen lp met daarop een laklaag met groeven, een soort proefdruk die je ongeveer dertig keer kan draaien. Hij zei dat ik dat nummer zelf moest opzetten, maar ik had nog nooit achter de draaitafels gestaan. Hij lachte me uit en zei dat ik het maar moest leren. Die handschoen heb ik opgepakt en vanaf toen was ik dj. En dan te bedenken dat ik eerst niet wist wie Jan precies was. Ik dacht dat het een barnicht van de iT was, omdat hij altijd heel schuchter met dat petje op kwam langsgelopen als ik bij de deur stond. We hebben regelmatig samen in de Dino's gedraaid. Een keer was Jean zo bezopen dat hij zich onder heeft laten zeiken door een grote negerin die niet op zijn avances in wilde gaan. "Wat moet je nou, zal ik eens over je kop zeiken," riep ze. En Jean: "Ja, hoor prima." En daar ging ze.

Tijdens zijn verblijf in Los Angeles maakte Peran de opvolger van 'I Give My Life' in de studio van een kennis. 'Ik had een plaat ontdekt vol met gezongen samples. Die plaat liet ik aan Jan horen en hij wist meteen dat we de sample "Let Yourself Go" moesten gebruiken. Ik ben toen gaan knippen en plakken en heb er beats onder gezet die leken op die van "Let's Groove" van George Morel. Daar was Jean helemaal gek van. Maar ik kreeg het net niet helemaal lekker, het was nog niet goed genoeg. Op een zondagochtend zie ik een gospelprogramma met een verschrikkelijk goede zangeres, een soort Aretha Franklin. Bij de aftiteling verscheen een telefoonnummer dat ik toen meteen heb gebeld. Ze vonden het machtig interessant dat een Nederlandse producer een project met haar wilde doen en toen is ze voor 1000 dollar een dagje in de studio komen jammen. Met haar vocalen erbij klopte het nummer helemaal.'

Na een half jaar vertrekt Peran weer naar Nederland en regelt andere dj's die in LA willen draaien. 'Ik sprak heel mijn netwerk aan. Iedereen is er geweest: DJ Jurgen, The House Negro en ook DJ Vandy, die in de Escape After Hour Power gaf. Die naam heeft hij toen in de Verenigde Staten geïntroduceerd, en die Steve Castro organiseert nu nog steeds After Hour Power-feesten.'

House had destijds nog geen gezicht, er verschenen veel producties maar dat waren gelegenheidsformaties van producers die meestal niet in de schijnwerpers wilden staan. 'Jean bedacht toen dat wij het gezicht van de house moesten worden en hebben dat dus een tijdje gedaan. Door Jean werd dj'en echt een beroep, ineens was je een rockster. Toen ik het druk kreeg, is hij aan de slag gegaan met Klubbheads. Die konden heel goed produceren en konden dat echte Jean-geluid groot maken. Wij waren gewoon aan het remixen, dat kabbelde een beetje voort. Met de Klubbheads kwam hij in een volgende fase, een nieuwe sound die net wat harder was dan de clubsound.'

THE LAUNCH

'Ik moest een opvolger voor "U Got My Love" hebben en Koen van The Klubbheads zei een beetje lacherig dat hij nog wel wat op de plank had liggen en liet "The Launch" horen. Ik wist meteen: dit wordt een megahit. De Klubbheads hadden er helemaal geen vertrouwen meer in omdat het nummer door hun label in Duitsland was afgewezen en waarschijnlijk was het nummer ook nooit meer van de plank afgekomen als ik het niet had goedgekeurd en opgepikt.

Maar ik wist het echt meteen: dit nummer heeft alles. Elke plaat die ik toen hoorde vertaalde ik naar mijn avond in de iT. Ik ben heel visueel ingesteld, en bij iedere plaat die ik beluisterde stelde ik me voor hoe het publiek in de iT zou reageren.

Het was een soort virtual reality in mijn hoofd. Ik zag het voor me wat er gebeurde als ik "The Launch" zou draaien en dat was totale euforie. Een wereldhit. En dat werd het, in ieder geval in Nederland en Groot-Brittannië. In 1998 werd het dé zomerhit in de clubs van Ibiza, en zo belandde "The Launch" weer bij Judge Jules van de BBC en andere Britse dj's, dus ook in Engeland scoorde het nummer flink. Bij mijn weten is het de eerste instrumentale houseplaat die in de Top 10 verscheen van de Nederlandse Top 40. Dat een dancenummer zonder vocalen zo vaak op de radio werd gedraaid, was toen heel ongebruikelijk. Radio 538 kreeg ook heel veel reacties over dat het niet kon, zo'n nummer zonder tekst. Het was de eerste plaat die cross-over ging: vanuit de clubs naar het grote publiek via de radio. Dat was een bijzonder moment.

We hebben er toen meteen een videoclip bij gedraaid. Hij is gemaakt door een paar studenten van de filmacademie, ik geloof voor zo'n 1000 gulden. Een gewone clip kostte destijds minimaal 15.000 gulden. Maar die gasten waren onwijs creatief en maakten er echt iets moois van. Die clip was ook te zien op MTV, over heel de wereld. Ging ik in Australië even wat te drinken halen, werd ik daar ineens herkend, gewoon in een shoppingmall aan het andere eind van de wereld! Dat was behoorlijk bizar. Voor die clip moest ik in een astronautenpak rondsjouwen. Dat leek me helemaal niks, want ik wilde natuurlijk niet voor lul staan. Ik ben een dj en geen astronaut. Maar goed, uiteindelijk toch maar gedaan. In Engeland wilden ze dat ik in het programma *Top of the Pops* in een astronautenpak achter een keyboard zou verschijnen, inclusief een roedel danseressen. Daar heb ik voor bedankt. Ze zoeken maar een andere idioot. Ik hield gewoon mijn eigen kleren aan.'

CREDIBLE?

'"The Launch" versterkte mijn bekendheid als dj, ik werd nu ook buiten de dansscène beroemd. En het leverde anderhalve ton op en extra boekingen. De iT was de meest fameuze club ter wereld, dus op basis daarvan werd ik al veel gevraagd om te draaien in het buitenland. "The Launch" was wat dat betreft de kers op de taart, toen nam het nog meer toe. Maar besef wel dat dance destijds nog geen wereldwijd fenomeen was. In de Verenigde Staten bijvoorbeeld draaide alles om r&b en hiphop. Bovendien had je nog geen social media, dus het bereik over de grens bleef beperkt tot de clubs. Het succes van "The Launch" had ook een keerzijde: ik was de eerste club-dj met radiohits en een wat toegankelijker geluid. Dat was totaal not done. Bij de gevestigde dj-orde moest je daar niet mee aankomen. Dat trokken ze niet. De dansscene was een wereld op zich en dat moest zo blijven. Het grote publiek aanspreken was niet *credible*. Maar ja, ik had op vrijdagavond de populairste clubavond van Nederland, op zaterdag had ik die mysterieuze gay- en travestietenavond waar iedereen naartoe wilde en waar niemand binnenkwam, en ik had een megahit op de radio.

Er ontstond een ongelooflijke hype rond mij en ik werd voor allerlei tv-programma's uitgenodigd. Dat maakte mij binnen de dj-scene tot een paria, een verschoppeling. Maar die rol vond ik wel prima, dat past bij mij. Ik ben een outlaw. Ik voelde me ook niet beledigd of zo, ik hou gewoon van dat toegankelijke geluid. Ze noemen me niet voor niets Jan de Orgelman. Hiermee heb ik wel de housesound bij het grote publiek geïntroduceerd en groot gemaakt. Niet alleen met die hits, maar ook met mijn compilatie-cd's. Tegenwoordig kun je jezelf niet genoeg profileren en op de radio te horen zijn, en is dat zelfs een must om bekendheid te vergaren en/of wereldberoemd te worden. Maar ik trok wel een grens, want ik heb destijds veel *collabs* afgeslagen, dus samenwerkingen met artiesten van buiten de dance. Van Gordon tot internationale rappers, ik heb iedereen afgewezen want dat vond ik toen net te ver gaan, maar nu zouden dj's daar een moord voor doen.'

NEXT LEVEL

'We hebben ook nog wat strubbelingen rond de rechten van "The Launch" gehad. Het nummer was gebaseerd op "The Horn Song" van DJ Pierre en die wilde geld zien. In 2011 ben ik hem nog op het Amsterdam Dance Event tegengekomen. Er was een interviewsessie genaamd "In Bed With...". Je lag inderdaad in een bed en journalisten konden vragen stellen. Ik was, waarschijnlijk niet geheel toevallig, na Pierre aan de beurt. Met een grote glimlach ontving hij mij, want dankzij mij is hij rijk geworden. Ik ben zijn suikeroom. Volgens mij is hij zelfs met dat geld in Detroit van driehoog achter naar een penthouse verhuisd. Dus die was wel blij om mij te zien, ondanks het gedoe over het geld. "*Where did you get that inspiration from?*" grapte hij, om het gesprek af te sluiten met een compliment: "*You took it to the next level.*"

Nu, zo'n twintig jaar later, draai ik "The Launch" nog steeds. Het gekke is dat veel jongeren het nummer willen horen, ze kennen die plaat. Als ik op een evenement sta waar veel studenten komen, dan weet je zeker dat "The Launch" wordt aangevraagd. Het is een classic, een iconische dansplaat. Ik werd er wel een tijd moe van. Mensen gebruikten het vaak als een begroeting als ze me tegenkwamen: "Hé, *get ready for the launch, get ready for the launch*!" Nu ben ik over die vermoeidheid heen. Ik heb me erbij neergelegd dat ik altijd geassocieerd zal worden met "The Launch". Als-ie wordt aangevraagd, dan zet ik hem gewoon op. Ik zit er niet op te wachten, maar als de mensen het willen, dan geef ik ze brood en spelen.'

KLUBBHEADS

Koen Groeneveld en Addy van der Zwan, beter bekend als Klubbheads, maakten in 1990 naam als mixers van de compilatie-cd *Turn Up The Bass: Megamix*, uitgebracht door Arcade. In 1992 produceerden ze de dancehit 'The Ultimate Seduction'. Drie jaar later sloot Jan Voermans zich aan, die tot 2005 deel uitmaakte van Klubbheads, waarmee Koen en Addy tegenwoordig weer een volle agenda hebben. Van der Zwan: 'We waren redelijk onbekende producers met een klein studiootje. Halverwege de jaren negentig brachten we tracks uit bij platenmaatschappij Mid-Town Records en kwamen zo in contact met Paul Elstak.' Voor deze hardcore-dj maken ze 'Life Is Like A Dance', 'Luv U More' en de *radio edit* van zijn hit 'Rainbow In The Sky', die op nummer 3 komt van de Top 40. Dat smaakt naar meer. Het is tijd voor een dj die een nog breder publiek aanspreekt dan Elstak. Van happy hardcore naar happy mainstream.

Groeneveld: 'Ik denk dat we Jean rond 1997 benaderd hebben om nummers uit te brengen.' Van der Zwan: 'Daarvoor draaide hij al veel van onze tracks. Op vrijdag hield hij altijd een instuif in de iT, dan kon je langskomen met plaatjes. Vond-ie prima. Dan liet-ie je een half uurtje draaien.'

De Klubbheads waren toen overal bekend, met uitzondering van Nederland. Groeneveld: 'Jean ging een keer met ons mee naar Sint Petersburg om te draaien. Maar hij maakt zich nooit ergens druk om en wist niet dat er meerdere *areas* waren. Hij stond in een veel kleinere zaal dan wij, met ongeveer 1000 man en hij dacht: dit is het. Na zijn set vroeg hij of wij niet moesten draaien. Wij: ja, loop maar mee. We liepen een gang in en kregen daar bodyguards en een cameraploeg mee. Vervolgens kwamen we bij het podium met meer dan 10.000 man publiek en ging iedereen los. Jean begreep er niks van dat we daar zo bekend waren, terwijl het in Nederland precies andersom was. Dat vond hij wel grappig.'

Van der Zwan: 'Onze eerste Klubbheads-plaat "Klubbhopping" was een internationaal succes. Die kwam in de Top 10 van Engeland en toen ging het balletje rollen, behalve hier te lande. Jean was juist hier de bekendste dj en door met hem samen te werken, kwamen we bij Anna Agency en konden we ook in Nederland terecht.' 'Friends with benefits' dus op zakelijk gebied. Voermans: 'We zagen elkaar ook vaak bij Radio 538, bij Wessel van Diepen. Daar kwamen we dan even draaien, net als hij. Dj-maten onder elkaar. Er was nooit stress, je had helemaal niet in de gaten dat er heel veel mensen aan het luisteren waren. We hadden ook nooit een idee van wat we daar gingen doen. Tegenwoordig is het allemaal voorgeproduceerd, maar wij namen gewoon onze platentas mee en je draaide wat daar dan net toevallig in zat.'

Ook productioneel klikte het tussen Jean en de Klubbheads.

Voermans: 'Jean gaf aan wat hij wilde hebben, welke sound het moest hebben. Dat werkte goed. Wij konden gewoon heel de dag in de studio werken, terwijl Jean voor 14.00 uur niet vooruit te branden was. Als we vroegen of hij even langskwam omdat we met zijn plaat bezig waren, dan was het al heel wat als hij rond vijven aan kwam waaien.' Van der Zwan: 'Jean kwam met zijn platentas bij ons in de studio binnen en zei: "Deze track draai ik, die werkt goed." Dus wij wisten welke kant Jean op wilde en gingen daarmee aan de slag. Dan pikten we loopjes en sounds van de platen die hij goed vond en bewerkten dat op zo'n manier dat er een nieuw nummer ontstond. Zo hebben we in 1998 "U Got My Love" gemaakt.' Om het nummer te promoten, werd er een clip gedraaid. Van der Zwan: 'Die hebben we in Boedapest opgenomen. De setting was in de geest van *Barb Wire*, een film met Pamela Anderson. Het was een clip vol stunts bij een loods. Maar dat duurde en duurde maar, dus ik ging met Jean het centrum in, even een terrasje pakken. Dat werd natuurlijk heel gezellig, dus uiteindelijk kwamen we uren te laat terug bij die set, was iedereen over de zeik.'

Ook voor de Klubbheads zelf is 1998 een lekker jaar. Het producerstrio heeft in Duitsland een grote hit met 'Stamp Your Feet', uitgebracht onder de naam DJ Disco. Het is een typisch jarennegentigdancetrack: er wordt in gescratcht, het klinkt alsof het voor een lange tunnelbuis wordt afgespeeld en heeft één simpele tekst: 'Stamp Your Feet.' Het nummer staat eerst in de Top 10 van de dancecharts en verovert daarna de reguliere Duitse hitlijsten. De Klubbheads liggen sowieso goed in Duitsland. Naast hun losse optredens hebben ze elke eerste vrijdag van de maand hun eigen clubavond in Kontor, een discotheek in Hamburg die in handen is van de gelijknamige platenmaatschappij. Misschien dat ze met DJ Disco hetzelfde trucje kunnen uithalen als in Engeland. Daar scoorden ze maar liefst drie jaar op rij een hit: in 1996 met 'Klubbhopping', gevolgd door 'Discohopping' (1997) en 'Kickin' Hard' (1998). Om het succes van DJ Disco uit te bouwen en uit te buiten is dus actie nodig: er moet snel een opvolger komen van 'Stamp Your Feet'.

Groeneveld heeft al een idee hoe die moet gaan klinken. 'Op onze clubavond draaiden we veel groovy tracks, en op een gegeven moment was er een bescheiden clubhitje met een heel lekker melodietje. Ik vond het nummer wel wat hebben en heb het toen helemaal verbouwd. Het melodietje is aangepast en de rest eromheen heb ik opnieuw gecomponeerd.' Dat bescheiden hitje is 'The Horn Song' van Pierre Jones, beter bekend als DJ Pierre. Voermans: 'Koen is met een balpen in zijn mond de studio ingedoken, en toen die pen even later afgekloven was, was het plaatje klaar. Zo snel is dat gegaan. Dat themaatje was natuurlijk gebaseerd op "The Horn Song", dus daar hoefde hij op een paar kleine veranderingen in de melodie na niet veel meer over te prakkiseren. Alhoewel, dat trompetje speelde Koen op de afterbeat, het origineel zit boven op de tel.' Met de nieuwe track gaan ze naar het label King Size, onderdeel van Universal. Een logische keuze, want 'Stamp Your Feet' was ook al uitgegeven door King Size. Maar het label is niet onder de indruk. Voermans: 'Ze vonden het nummer niet goed genoeg en wilden het niet uitgeven.' Het nummer publiceren onder de naam Klubbheads was ook geen optie. Groeneveld: 'Het was een beetje een vreemde eend in de bijt. In Klubbheads-nummers zat vaak rap, maar dat had deze track helemaal niet.' Van der Zwan: 'Wij deden onze eigen A&R [Artist & Repertoire – de muzikale begeleiding van artiesten – VM], dus niemand zei: "Het is een dikke vette clubplaat, breng het gewoon onder jullie eigen naam uit."'

In dezelfde week als waarin het nummer door King Size werd afgewezen, komt Jean langs op de Nicolaas Beetsstraat 2 te Vlaardingen, de studio van de Klubbheads. Van der Zwan: 'Dat deed hij toen wel vaker. Kwam hij even wat nummers luisteren om te kijken of er iets tussen zat. En bij het laatste nummer op het DAT'je [Digital Audio Tape, toentertijd het gangbare opnamemedium in studio's – VM] riep hij: "Ja, dit is een DJ Jean-nummer!" Toevallig ook nog het nummer waarvan je het niet verwachtte.' Het moge duidelijk zijn welk nummer dat was. Het was niet zomaar een DJ Jean-nummer, het was het ultiéme DJ Jean-nummer. Het was 'The Launch'.

De Klubbheads besluiten 'The Launch' van DJ Jean in Nederland uit te brengen via hun dan net opgerichte platenmaatschappij Digidance. Voermans: 'Alle voorgaande Jean-platen verschenen op het label Mo'bizz Recordings. In Duitsland heette dat Mo'bizz Recordings GSA: Germany, Switzerland en Austria. Met Mo'bizz Recordings GSA hadden we in Duitsland een deal met Universal. Kwam "The Launch" uiteindelijk toch daar uit, maar dan een deurtje verder.' En niet zonder gevolgen. Binnen een aantal weken is 'The Launch' een van de meest gehoorde platen in de discotheken. Voermans: 'De binnen- en buitenlandse dancescene omarmde het. Hierdoor werd "The Launch" een echt dance-anthem, een wereldwijde clubhit.'

In Engeland gaan er 400.000 exemplaren van over de toonbank, in Frankrijk 75.000 en in Nederland wordt 'The Launch' goud, dus dat zijn minimaal 50.000 exemplaren. Tel de rest van de wereld erbij op en de uitkomst ligt boven de miljoen exemplaren. Voermans: 'En nog steeds wordt "The Launch" verkocht, het is echt een klassieker. Iedereen kent dat liedje, mensen blijven het draaien.' Van der Zwan is nog steeds trots op 'The Launch': 'Dit maken niet veel mensen mee, zeker niet als je het uit kan brengen bij je eigen platenmaatschappij en je zelf de auteur en uitvoerder bent.'

Dankzij het succes van 'The Launch' wordt Jan uitgenodigd voor een optreden in *Top of the Pops*, het legendarische muziekprogramma van de BBC. Jan gaat ernaartoe met Jan Voermans en diens vriendin Moniek. Voermans: 'Dat was een grote eer. In die show kwamen allemaal wereldsterren, en dus ook DJ Jean. De aflevering werd opgenomen in een club in Nottingham. 's Middags waren de repetities en boven in die club was een vip-dek waar alle artiesten op hun beurt zaten te wachten. Ook Jamiroquai zou er optreden, maar hij liet alleen zijn band repeteren, want meneer zelf had er geen zin in. Wij zaten naast het productieteam van de BBC en hoorden hoe Jamiroquai gewoon werd afgebeld. Had hij maar moeten komen oefenen! Zo groot was de status van *Top of the Pops*. Ook Tom Jones zat in deze aflevering. Voordat hij arriveerde, kwam een van zijn bodyguards poolshoogte nemen op het vip-dek. Zegt die kerel tegen het productieteam: "*This area will do for Mr Jones.*" Met andere woorden: of de rest even kon wieberen, want dan had Tom de ruimte voor zichzelf. Dat ging mooi niet door, want onder andere DJ Jean bezette deze ruimte al. "*There is a little spot in the back he can use,*" was het antwoord van productie. Toen Tom Jones zelf kwam, ging hij zonder problemen bij de rest zitten. Soms doen de mensen om een artiest heen moeilijker dan de artiest zelf.'

Ook in de Verenigde Staten blijft 'The Launch' niet onopgemerkt. Bij Digidance komt een fax binnen. DJ Pierre is not amused. Groeneveld: 'Was er niks met het nummer gebeurd, dan hadden we er nooit meer wat van gehoord.' Maar er gebeurt natuurlijk wel wat. 'Het was even gezeik, maar uiteindelijk hebben we een goede regeling getroffen,' zegt Voermans. 'Iedereen verdiende er wat aan. De helft ging naar Pierre Jones en wij kregen de rest van het copyright. De masterrechten hoefden we niet af te dragen, want we hadden de melodie zelf opnieuw ingespeeld. Er zaten geen samples in.'

Al met al leverde het succes van 'The Launch' de Klubbheads zelf niet veel meer opdrachten op. Groeneveld: 'De industrie zat toen ook niet zo in elkaar dat je meteen heel veel ging produceren voor anderen. We deden niet veel voor derden. Wel voor Jean, want dat was de grootste naam op dat moment. We produceerden veel remixes, dus dan doken we de studio in, bewerkten een willekeurig nummer en dan was het ineens een DJ Jean-remix.' Voermans: 'Eentje werd echt een clubhit: "Hands Up" van Trevor & Simon. Die zou ik nu nog kunnen draaien.'

Na 'The Launch' maakten de Klubbheads nog een aantal nummers voor Jean. Van der Zwan: 'De tracks erna waren al klaar en die vond hij gewoon goed bij hem passen. Voor ons was dat ook prima. Natuurlijk werd ons regelmatig gevraagd waarom we die tracks niet als de Klubbheads uitbrachten, maar we produceerden zoveel dat we dat echt niet allemaal onder onze eigen naam kwijt konden.'

'Love Come Home', 'Lift Me Up' en 'Supersounds' worden

bescheiden hitjes in de danswereld, maar evenaren niet het succes van 'The Launch'. Ad hoc, zo is de platenproductie in die periode te duiden. 'We maakten af en toe een plaat voor Jean, maar dat was weinig structureel,' zegt Voermans. 'Het waren losse nummers, we maakten geen album. Er was geen plan, nog steeds niet. Een aantal jaar geleden heb ik met Jean een label opgericht, maar dat schoot niet op. Het is vrij lastig om met hem structurele afspraken te maken, dat zit er gewoon niet in. Niks ten nadele van hem, maar hij is weinig consequent. We hadden Dizplay Recordings, dat was het EDM-label. En we hadden een wat meer groovy label: Senza Recordings. Het bestaat nog altijd, er kan zo weer een product op uitgebracht worden, maar het komt er niet van. Alles met de beste bedoelingen opgericht, het plan was leuk, maar eigenlijk had Jean te lang rondgelopen met het idee om een label op te richten. Tegen de tijd dat we het deden, waren de nummers die hij uit wilde brengen ook alweer oud. Een van de producers van die nummers was zelfs al overleden. Jean had die plaat gekregen toen die man al ziek was. Hij zei nog dat we gewoon zijn vriendin moesten bellen om toestemming te vragen om dat nummer uit te brengen, maar dat vond ik te ver gaan.'

De vraag rijst hoeveel miljoenen Jean cum suis bij heeft kunnen schrijven dankzij 'The Launch'. Geen enkel volgens Voermans. 'Zo'n plaat komt uit, wordt een hit en een jaar later krijg je je royalty's. Dan heb je twee keer een leuke afrekening, maar daarna is het wel klaar. Wereldwijd was het een clubhit, maar dat beperkt zich dus tot de dancescene. In Engeland en Nederland werd "The Launch" ook op de radio gedraaid, maar verder maar mondjesmaat.' Een paar ton de man dus, schat hij. 'Vandaag de dag levert het nog een paar duizend euro de man per jaar op dankzij streams via onder andere Spotify. Maar goed, we zijn er dus echt geen miljonair van geworden. En vergeet niet dat we gewoon keurig belasting betalen over alles wat dat nummer opbracht en -brengt. Die dj's van nu hebben leuke constructies, maar Jean is echt niet financieel onafhankelijk.'

EVERY SINGLE DAY

'In 2004 heb ik met G-Spott, echte naam Richard van Schooneveld, een track gemaakt. Zijn manager vroeg of ik een plaat bij Zapp Recordings wilde uitbrengen. Dat werd "Every Single Day", een ongelooflijke hit, die stond in de Top 40 op nummer 7 en heeft anderhalf jaar op de A-rotatie gestaan bij Radio 538, een unicum voor een danceplaat. Nu zou ik er een moord voor doen, maar toen had ik er na verloop van tijd wel genoeg van. Ik heb Niels Hoogland van 538 gebeld en gevraagd of hij dat nummer alsjeblieft van de radio kon halen. Destijds was je als house-dj niet zo heel blij als je plaat heel vaak op de radio kwam, tegenwoordig is dat dus de omgekeerde wereld. Maar volgens Niels kon hij niet uit de rotatie, want luisteronderzoeken toonden aan dat mensen erop aansloegen, ook al was dat nummer al maanden oud. Bij mijn weten is het nog steeds de langst gedraaide dancetrack ooit op Radio 538. Daarna kwam "Feel It" uit, iets minder succesvol, maar wel een lekker plaatje. Eigenlijk had ik een soort radiostilte van een jaar of vier achter de rug toen "Every Single Day" uitkwam en in één keer stond ik weer op de kaart. Dat trucje wil ik nu opnieuw uithalen, dus ik zit weer regelmatig in de studio. Al is die radiostilte nu wel wat langer geweest.'

ÉÉN KREET

Als G-Spott maakte Richard met DJ José bekende tracks als 'Wrong is Right' en '11 Symbols'. In 2001 had hij een hit met 'N-R-G', waaraan ook Kenneth Heuvel meewerkte. Intussen maakte Richard ook tracks voor DJ Melvin. 'Ik produceerde zoveel dat ik dat niet allemaal onder mijn eigen naam kwijt kon. De sound die ik had met G-Spott lag in de lijn van Jeans muziek, dus zijn we in 2004 een samenwerking aangegaan. Ik heb een opzetje gemaakt en op basis van zijn feedback paste ik dat weer aan. Destijds produceerde ik vrij snel, dus dat was binnen een week rond. De vocalen van "Every Single Day" komen van een sample-cd, die pasten goed over de melodie heen. Destijds hadden vocalen niet veel diepgang nodig, dat mocht gewoon één kreet zijn, het doel heiligt de middelen. "Every Single Day" werd een geweldige hit, ook op de radio.' Volgens Richard kwam dat mede door de vroege break in het nummer. 'Als een nummer het goed deed in de clubs, dan maakte je er een versie van die geschikt was voor de radio. Maar "Every Single Day" had een knip op 2,48 minuten. Hierdoor kon hij meteen door naar Hilversum, een radioversie was niet nodig. Bovendien vonden radio-dj's het nummer lekker kort, ze konden die track dus overal tussen gooien.'

De opvolger, 'Feel It', had Richard vrij snel klaarliggen. De melodie leek op die van 'Every Single Day'. 'Dat was toen heel gebruikelijk. Dus ja, dat deed ik ook, eenzelfde melodietje, lekker vrolijk, gewoon gaan. Luister maar naar "9 PM (Till I Come)" van ATB en de opvolger daarvan, "Don't Stop", dat klinkt bijna hetzelfde. Gelukkig wordt dat nu niet meer zo vaak gedaan.' 'Feel It' werd ook een hit en bereikte zelfs nummer 8 in de Top 40. Hierna stopte de samenwerking. 'In Nederland moest je steeds commerciëler draaien, op het laatst draaide ik zelfs hardstyle om het publiek te plezieren. Daar had ik geen zin meer in en dat betekende het einde van G-Spott. Ik ben verdergegaan als Richard Duran en richtte me met een ander geluid op de internationale markt.' Nu, zo'n vijftien jaar later, worden ze heel af en toe samen geboekt. 'In Polen moest ik na Jan draaien. Toen hebben we het nog over zijn Ferrari gehad. Hij moest en zou een Ferrari hebben, maar daar had hij meteen spijt van. Hij woonde toen in Almere en hij moest dertig verkeersdrempels over voordat hij thuis was. Dat was geen doen met zo'n auto, dus hij deed er belachelijk lang over om weg te gaan en thuis te komen.'

GUNNEN

Een andere dj waarmee Richard samenwerkte, was DJ José (Jos Klaster). 'Richard, Jan en ik zijn van een generatie die elkaar de handel gunt,' zegt DJ José. En dat geldt voor toen en nu. 'Als Jan een programmering moet samenstellen, belt hij mij en andersom. En tijdens de iT-periode hielp hij mijn nummers aan bekendheid door ze op zijn verzamel-cd's te zetten.' De eerste track van DJ José was 'Wrong Is Right', ontstaan uit een samenwerking met Richard. José: 'Ik gaf Jan in de iT mijn plaat en hij prikte hem even door, dus hij beluisterde de plaat door heel kort de naald op verschillende plekken te zetten. "Prima," zei hij, "ik draai hem om 04.15 uur." En jawel hoor, precies op dat tijdstip ging de baslijn erin, klonk het thema en ging heel de zaal los. Een fantastisch moment.' Een paar jaar later staat José op zondagmiddag te draaien in de Lexion in Westzaan. Boven de club heeft Richard een studio. José: 'Hij komt met een cd'tje naar beneden en vraagt of ik even dat nummer wilde testen. Dus ik draai hem erin en iedereen gaat uit zijn dak. Dat was "Hesitate" met een sample uit "Superstar" van Novy versus Eniac. Iedereen herkent die sample en samen met de melodielijn vormt het een heel vet nummer. Dus ik meteen naar Richard toe: "Wordt-ie voor mij, wordt-ie voor mij?" "Nee, dat is de nieuwe DJ Jean." Ik balen, alleen had Richard nog geen toestemming voor het gebruik van die sample, want die Eniac was nergens te vinden. Het duurde zelfs zo lang, dat Jans geduld opraakte en hij met Richard een heel ander nummer maakte: "Every Single Day". Jan gunde mij toen "Hesitate" en het duurde nog zeven maanden voordat we toestemming kregen. Dat vond ik wel mooi van Jan, want later zei hij tegen mij: "Toch jammer dat ik die plaat niet heb genomen." Ondanks zijn spijt zette hij die track weer op een van zijn compilaties.'

In de loop der jaren heeft José Jans draaistijl horen evolueren. 'Jan draait nu heel snel achter elkaar door, powermixen heet dat. Hij draait een plaat in en binnen dertig seconden is het alweer tijd voor de volgende. Hij kan zo heel veel bekende nummers voorbij laten komen. Hij draait ook gewoon vanuit een houseplaat in één keer "Kind van de duivel", waarbij hij de beats gelijk legt om daarna ineens een hardstyleplaat te draaien die iedereen kent. Zo kan hij overal terecht en bedient hij een heel breed publiek.'

7

OVERAL EN NERGENS

'Een week nadat de RoXY in vlammen was opgegaan, stond ik op vrijdag te draaien in de iT. Het voelde raar dat die iconische club was verdwenen, maar tegelijkertijd was dat Amsterdamse kunstenaarsgedoe niet mijn wereld. Ook niet die van de iT-gangers, die kwamen voor de vrijdag Madhouse, zoals ik er al zovelen had gedaan. Maar deze keer is me altijd bijgebleven. Halverwege de nacht rommelde het bij de ingang, iedereen werd onrustig en ineens komen er dertig mannen binnenlopen in dezelfde kleding. Dat was meer iets voor de gaynight op zaterdag, maar op de hesjes van deze gasten stond in reflecterende letters POLITIE. Het was dus een inval. Heel onwerkelijk, zoiets had ik nog nooit eerder meegemaakt. Het was een machtsvertoon van heb ik jou daar, overal waren wouten. Bij de bar, op het podium en natuurlijk bij de nooduitgangen, zodat niemand kon ontsnappen. De lichten moesten aan en de leidinggevende van die wouten komt naar de dj booth en vraagt of ik zachtjes door kan draaien. Kennelijk zou dat het publiek rustig houden. Ik kijk die gast aan en mijn bek valt open. Ineens herken ik hem: het was een vaste bezoeker van de iT. Zo'n bodybuildgastje die zijn geringe lengte probeert te compenseren door elke dag aan de gewichten te hangen. Hij ziet dat ik hem herken en legt zijn vinger op zijn mond, om me duidelijk te maken dat ik mijn bek moet houden. Nou, toen wist ik precies welk nummer hierbij hoorde: "Wrong = Right" van DJ José en G-Spott.

Die hele inval was de hypocrisie ten top. Wat een matennaaier. Week in week uit stond hij met zijn scheve bek voor mijn neus op de dansvloer te stuiteren en nu was hij het vroomste jongetje van de klas. Intussen lag diezelfde dansvloer bezaaid met honderden cokewikkels, GHB-ampullen en losse pillen. Van iedere vierkante meter kon je de rest van je leven elke week partyen tot je erbij neerviel, en dan bleef er nog genoeg over voor je vrienden. De politie was erachter gekomen dat de iT huisdealers had, en wilde dat aanpakken. Tsja. Iedere club moest destijds een snuffelaar hebben, een soort mysteryguest die drugs probeerde te kopen. Als dat lukte, dan moest de dealer eruit worden gezet. In de iT was die snuffelaar natuurlijk zelf de dealer, dat ging nergens over, en via de uitgangen werden de andere dealers binnengelaten. Maar om de een of andere reden had de gemeente er in juni 1999 genoeg van.

Alle vijfhonderd bezoekers moesten in rijen staan en werden gefouilleerd. Ik kon bij die inval redelijk snel vertrekken, maar ik was dan ook als dj een soort oppergod van de iT met eigen privileges. Bovendien had ik niks met drugs. Op basis van alle gevonden verdovende en verboden middelen moest de tent een paar maanden dicht. Doodzonde, want daarna was de loop eruit. In oktober mochten we weer, maar het was duidelijk dat het grote publiek alternatieven had gevonden waar ze ook uit hun dak konden gaan, al dan niet geholpen door chemische toevoegingen. Het beetje glans dat de iT nog had, was toen dof geworden.'

DRUGS

'Mijn eerste drugservaring was met Ronald, een vriend uit Zeist. We gingen op zijn verjaardag naar Utrecht, dat moet rond 1986 zijn geweest. Vanwege de speciale gelegenheid besloten we aan de spacecake te gaan. We belandden bij coffeeshop Andersom, het was een druilerige zondagavond en die zaak was uitgestorven. We bestelden voor vijf gulden een plak van dat spul en aten hem op. Er gebeurde helemaal niets. Ik bedacht me nog dat we voor dat geld beter een Baileys hadden kunnen drinken. De oplossing was een tweede stuk spacecake, niet wetende dat het minimaal twintig minuten duurt voor dat die cake begint te werken. Nog steeds niks, dus wij gingen ietwat chagrijnig naar een café verderop waar het vergeleken met die coffeeshop ineens megadruk was. Aan de bar bestelden we mijn langgekoesterde Baileys en terwijl de barman die neerzet, kijkt die vriend me aan, begint te lachen en kan daar niet meer mee stoppen. Het was alsof hij de enige in heel die tent was die een film van Laurel en Hardy zat te bekijken, alsof hij de beste mop ooit had gehoord, het hield maar niet op. Ik probeerde hem wat tot bedaren te brengen, maar dat was onbegonnen werk. Die gozer had de tijd van zijn leven. Na een minuut of tien valt hij ineens van zijn kruk en gaat helemaal out. Ik schrok me het lazarus en sleepte hem mee naar buiten, de frisse lucht in. Ik legde hem op de stoep terwijl het motregende en sloeg hem op zijn wangen. Helemaal niks. Fuck! Dus ik ga naast hem zitten en op dat moment komt hij weer bij. 'Yes!' roep ik en ineens slaat het bij mij in. Alles om me heen werd vloeibaar, mijn hartslag ging omhoog en ik begon helemaal te trillen. Als je drinkt weet je precies wat er gaat gebeuren, maar dit was complete horror. Ik wilde zo snel mogelijk naar huis. Wij lopen terug naar Vredenburg, want daar stond onze auto. Maar dat redden we niet, want voor het politiebureau zakte ik in elkaar. Ik kreeg een totale black-out. Toen hebben ze een ambulance gebeld en heb ik een nacht in het ziekenhuis doorgebracht. Helemaal van het padje dankzij twee stukjes cake! Wow. Vanaf dat moment wist ik: drugs zijn niet mijn ding, in welke vorm dan ook.

In de iT kreeg ik heel veel drugs aangeboden, maar ik heb nooit iets gebruikt. Ik nam wel alles aan, want dat kostte me minder moeite dan telkens uit te moeten leggen dat ik niks gebruikte. De coke gaf ik aan mijn vrienden, die waren daar heel blij mee en de rest gooide ik weg. Mijn enige drugs zijn wodka en vrouwen, dat is het. Dat betekent niet dat ik nooit iets gebruik, want er wordt met enige regelmaat GHB in mijn drankje gegooid. Ik vraag me echt af wat daar leuk aan is. Ik ben een zware drinker en mensen hebben geen idee hoe gevaarlijk de combinatie van drank en GHB is. Binnen een paar minuten ga ik compleet out. Onlangs ook weer in Oostenrijk. Ik sta lekker te draaien en ineens *poef*, ik stortte als een kaartenhuis in elkaar en was daarna een lappenpop. Ze hebben me met twee man terug moeten dragen naar het hotel. Alsof dat iets zou toevoegen aan de gekkigheid. Ik denk dat ze het niet eens slecht bedoelen, maar ik kan er niet tegen. Daarom neem ik nooit drankjes van vreemden aan. De jongens die met me mee gaan proberen het in de gaten te houden, maar één tot twee keer per jaar glipt het erdoorheen. Van die GHB kan ik echt een week last hebben. Dan begin ik ineens te trillen en word ik duizelig. Smerig spul is het. Bij Trance Energy is het ook eens gebeurd. Jezus, wat een gezeik was dat. Toen mocht de nooduitgang niet open terwijl ik bewusteloos in de armen hing van mijn vriend René. Vreselijk, ik moest daar zo snel mogelijk weg, maar die uitgangen zaten op slot. Uiteindelijk kwam ik bij in de auto, maar het zijn dingen die ik verafschuw. Van wodka weet ik precies welke uitwerking het heeft en hoeveel ik er van kan hebben, maar drugs, nee, het is gewoon echt nooit mijn ding geweest.'

TWEEDE HUIS

'In 2002 werd de iT overgenomen door Carlo Pitzalis en Evert Santegoeds, die van *Story* en *Privé*. Het was trekken aan een dood paard, want goed bekeken was de iT intussen vergane glorie. Carlo en Evert probeerden er nog wel nieuw leven in te blazen, maar dat werd een kansloze missie. Ze hadden de boel voor tonnen verbouwd, maar waren vergeten de isolatie van het dak aan te pakken. Daardoor waren we alleen op vrijdag open en werd op zaterdag de tent verhuurd. Dat pruttelde nog wat na tot 2004, toen ging de tent voorgoed dicht. De sluiting betekende het einde van een tijdperk, het einde van – zo bleek later – een van de meest legendarische clubs van Nederland, zo niet de wereld. In dat opzicht was het erg jammer. Het was mijn tweede thuis. Volgens mij heeft de zoon van de pandeigenaar alle platen meegenomen die daar op zolder stonden. Dat was een mega-archief. Geef hem eens ongelijk. Als iemand er aanspraak op kon maken was ik het, maar ik deed het niet. Dom, want ik zou ze nu goed kunnen gebruiken, maar ik realiseerde me toen totaal niet dat die platen die ik in de iT draaide, ooit houseclassics zouden worden.

De sluiting van de iT luidde een nieuw hoofdstuk van mijn carrière in. Vanaf 2000 draaide ik er al niet meer regelmatig, maar nu kon ik pas echt overal en nergens terecht. De Madhouseavond bleef bestaan, die was nu eens per maand in de Power Zone, een club op een industrieterrein in Amsterdam. Dat was een betonnen bunker waar echt niks kapot kon. Na twee jaar vertrokken we naar club Panama, dat was ook een mooie tent, heel sfeervol. Madhouse was en blijft een perfecte naam, het dekt precies de lading. Een gekkenhuis, niks meer en niks minder. Als je uitgaat wil je daarin terechtkomen. Je zit je niet heel de week te verheugen om in het weekend in een hoekje een drankje te doen zoals op een staande receptie, nee, het moet knallen.

Dat concept rolden we ook uit naar clubs in het land. Zij verzorgden de aankleding en ik de dj's. Op die manier zetten we de iT-traditie voort, al was het natuurlijk allemaal een stuk minder extravagant dan voorheen. Dat kon ook niet anders, want house was nu mainstream. Ik ging altijd op pad met een vaste club van vrienden en dj's: Oemar, René, Sander, Tony Cha Cha, Joery en Rowdy, alias Rico Favella. Van Appelscha tot Aruba – we kwamen overal, maar het mooiste paradijs – het walhalla op aarde – was toch wel die commerciële gig op een veerboot tussen Hoek van Holland en Engeland. Een rederij had een nieuwe lijn opgestart en de tickets voor die boot werden verkocht via reisbureaus. Om die te paaien mochten alle medewerkers van die bureaus gratis op en neer. Vrijdag een groep van driehonderd en zaterdag nog eens een groep van driehonderd. Nou was het fijne dat medewerkers van reisbureaus destijds uitsluitend vrouwen waren. Wij waren met vijf man: ik, twee vrienden, Jeroen Post van TMF en nog een kennis. Kun je nagaan: een boot met driehonderd vrouwen en maar vijf mannen. In de feestzaal hadden we een soort vip-dek gemaakt. We hadden gewoon een touwtje gespannen naast de dj booth. Dat vip-dek stelde dus niks voor, maar die vrouwen vonden het geweldig. Ze lustten wel een slok en werden helemaal gek. Mijn vrienden zochten de leukste meiden uit en een aantal daarvan mochten mee naar de afterparty. Ik had een vrij grote hut en die was uitermate geschikt voor een nazit. We hadden een paar flessen wodka mee, wat muziek, en het feest kon beginnen. Op een gegeven moment verdwenen er wat handen in broekjes en zochten mijn vrienden met hun veroveringen hun eigen hut op. Ik bleef achter met twee vrouwen en was helemaal in mijn nopjes. Maar die twee kregen ruzie, want ze wilden mij allebei voor zichzelf hebben. Dat draaide uit op een ordinaire bitchfight, inclusief haren trekken en krabben met de nagels. Uit pure nood ben ik de gang opgerend en heb ik de eerste de beste gast in een uniform bij zijn kladden gegrepen om me te helpen. De vrouw die was begonnen met moeilijk doen mocht vertrekken, de andere heeft mij daarna alle hoeken van die hut laten zien. Wat een topwijf. En de volgende avond vertrokken we opnieuw met een groep van driehonderd vrouwen. Als ik de rest van mijn leven niks anders mocht doen dan alleen maar heen en weer varen op die boot vol vrouwen, dan zou ik daarvoor tekenen.

Een andere afterparty die uit de hand liep was op Texel. Ik ging er met mijn chauffeur en vriend Oemar naartoe. We moesten daar blijven slapen, want 's nachts vaart dat veer niet. Het was midden in de zomer en we werden in een of ander hotel neergezet. Die boeker daar heette Paul van Dijk, waardoor we hem al niet zo serieus konden nemen, want je had natuurlijk ook de Duitse dj Paul van Dyk. Die Paul had twee zaken: een grand café en een discotheek genaamd De Toekomst. In beide tenten heb ik die avond gedraaid. Hartstikke gezellig natuurlijk, maar de boel ging al rond 01.00 uur dicht. Dus wij gingen met een stel meiden naar ons hotel voor een afterparty, niet wetende dat er in dat hotel voornamelijk oudere mensen op vakantie waren. Maar ja, ons feestje ging helemaal los: harde muziek, meiden die naakt over de gang renden, drank natuurlijk, kortom: een erg leuke afterparty en één grote bende. Komt er een hotelmanager naar onze kamer die zegt dat we zachter moeten doen omdat hij allemaal klachten krijgt van gasten die niet kunnen slapen. Wij beloofden beterschap, maar daar was geen redden aan. Een half uur later stond hij weer voor de deur: 'Jongens, jullie moeten het hotel uit.' Die gozer maakte geen grapje en was ook niet op andere gedachten te brengen. Ik heb toen nog uit eigen zak bij de receptie voor alle mensen in het hotel een fles wijn besteld, die zou die gozer 's ochtends bij de kamers zetten. Intussen gingen die meiden weer terug naar de camping of hun eigen hotel. Stonden we daar bij zonsopgang met onze tassen op de stoep. Dat was wel treurig, want de eerste boot ging pas rond een uur of acht. Die Paul vond het achteraf wel mooi, maar heeft me nooit meer teruggeboekt.

Niet elke avond eindigde in een afterparty, er waren ook dieptepunten. De grootste was in The Matrixx, in Nijmegen. Die club was opgezet door een gozer die een softwarepakket had verkocht: Davilex. We waren er kind aan huis. Ik was lekker aan het draaien en Ocmar kwam er een oude bekende tegen. Hij kende die gozer nog uit zijn jeugd, ze groeiden op in dezelfde buurt. Op een gegeven moment kreeg die jongen ruzie op het vip-dek. Hij werd er uitgezet en schreeuwde helemaal opgefokt: "Ik kom terug met een pistool!" Niemand geloofde dat natuurlijk, totdat hij daadwerkelijk terugkwam en twee portiers neerschoot, eentje overleed ter plekke. Te bizar, iedereen was in shock. Een van die andere portiers was mijn maatje, dus die wilde ik helpen. Er zat al wat drank in en ik dacht: ik ga die schutter wel even aanpakken. Die gast stond nog buiten te schelden en te doen, maar godzijdank werd ik bij de deur tegengehouden. Toen begon die gozer ook nog in de lucht te schieten, het was gewoon het wilde westen. Even later kwam de politie erbij en moesten we een verklaring afleggen. Dat kwam slecht uit, want we hadden nog een boeking in Rotterdam. Na een uur mochten wij als enigen weg en kwamen we pas om 07.30 uur bij die volgende boeking aan. Natuurlijk had niemand het ons kwalijk genomen als we gewoon naar huis waren gegaan, maar daar stonden we niet bij stil, je kwam toch gewoon opdagen. Hét nummer van toen was, niet geheel toevallig, "The Sound of Violence" van Cassius. Moet ik eigenlijk weer eens draaien op die classicsfeesten.'

OOK INTERESSANT

Oemar Joemman reed jaren mee met Jan. Of beter gezegd, Jan reed jaren mee met Oemar, want hij trad vaak op als chauffeur. Logisch, want Oemar drinkt niet. Ooit begonnen ze in een club een gesprek over de band Kiss en dat was het begin van een lange vriendschap. Oemar herinnert zich de schietpartij nog goed. 'Het gekke is dat ik die jongen onlangs nog ben tegengekomen. Hij had achttien jaar gekregen en zijn tijd uitgezeten. Volgens hem had hij zich op laten naaien door zijn vrienden, en voelde hij zich voor schut gezet omdat hij eruit werd geknikkerd.' Het feit dat Oemar ging chaufferen was zo gegroeid. 'Dat gebeurde wel vaker met mensen rond Jan. Er was altijd wel iemand die niet dronk.' Meestal houden die vrienden het drie tot vijf jaar vol, want er komt een punt dat het uitgaan met Jan niet meer te combineren valt met een fulltimebaan of een pril gezinsleven. Oemar: 'Mijn vriendin was er niet happig op, want er gebeurde onderweg nog wel eens wat. In de slipstream van Jan was je ook interessant. Dus ja, thuis kwamen daar bepaalde spanningen door en dan hou je dat niet meer vol. In 2006 vond ik het wel mooi geweest en nam iemand anders het over.' Daar was altijd wel iemand voor te porren, want er zitten dan ook wat voordeeltjes aan die vriendschap: je komt overal binnen, er is gratis drank. 'En je hoort altijd goede muziek,' aldus Oemar.

ZWAAILICHTEN

'Omdat we gemakkelijk vier tot vijf boekingen per avond hadden, kocht Sander twee van die politiezwaailichten die je met een magneet op het dak zette. De eerste keer was een geweldige ervaring: er was een file, Sander deed de stekker in de sigarettenaansteker en zette het zwaailicht op het dak. Het was alsof Mozes de zee in tweeën spleet, iedereen ging aan de kant. Mensen gaven elkaar lichtsignalen om ons erlangs te laten, dus dat schoot lekker op. Het was het zwaailicht van Columbus. We hadden twee Volkswagen Golfjes, dus het leek net of we bij de recherche hoorden. Later hadden we ook nog eens van die ledlampjes op de zonneklep. Als auto's niet konden uitwijken, dan knalden we over de vluchtstrook. Op een gegeven moment werden die zwaailichten een standaardprocedure, dat ging te pas en te onpas. Toen kon dat gewoon. Als je een boete kreeg, dan was je hooguit 150 euro kwijt. Gek genoeg zijn we nooit betrapt of aangehouden door de politie. Wel stonden ze op een ochtend bij Sander aan de deur om die lichten op te halen. Waarschijnlijk had een van de jongens zijn mond voorbijgepraat. Sander baalde dat hij ze moest afgeven. Niet omdat hij er nog iets mee wilde doen, maar omdat er zulke mooie herinneringen aan kleefden.

Die lichten waren niet de enige hulpstukken tijdens het rijden. Uit de Verenigde Staten had ik een blaastestapparaat laten komen. Degene die na een avond draaien het minste blies, kroop achter het stuur. Vijftien jaar geleden stond heel het vliegtuig blauw van de sigarettenrook en zo was het toen ook heel normaal dat je met een paar drankjes op ging rijden. Nu is dat not done. Ja, althans, je moet nu binnen de norm blijven. Dat lukt prima. Slechts twee keer ben ik gepakt vanwege rijden en drinken. Dat was net op het moment dat de regelgeving strenger was geworden, en ik moest naar een EMA-cursus, Educatieve Maatregel Alcohol. Het gebeurde in een periode dat ik allang niet meer zelf reed, totdat mijn chauffeur op het laatste moment afhaakte. Ik moest draaien in Alkmaar en enthousiast als altijd gooide ik mijn wodka's erin, me niet realiserende dat ik zelf nog moest rijden. Ik had niet veel gezopen, maar zat wel net over de grens. Ik reed naar Wassenaar en zag de club al waar ik mijn tweede boeking had. Honderd meter ervoor werd ik aangehouden, door zo'n grijze Volvo met een oplichtend stopbord. De reden was dat ik een paar kilometer te hard reed, en ik moest gelijk blazen. Ik dacht dat het met een sisser zou aflopen. Niet dus, want ik had 0,6 en zat dus net boven de 0,5. Mijn rijbewijs en andere papieren had ik niet bij me, maar die agenten hadden door wie ik was. Ik zeg: "Ik moet over vijf minuten hier beginnen, kun je niet iets regelen?" Nou, dat kon die gozer wel. Hij zegt: "Ik doe mijn zwaailichten aan, en dan rij jij achter me aan naar het bureau in Den Haag." Toen mocht ik dus ineens wel 140 waar 80 was toegestaan. Ik moest naar het bureau omdat ik dus niks bij me had en omdat ik daar nog een keer een blaastest moest doen met andere apparatuur. Dat bureau was 20 minuten verderop en dat bood perspectieven, want tegen de tijd dat we daar zouden aankomen, zat ik alweer op 0,5. Dus wij racen naar dat bureau en inderdaad, toen zat ik net op de grens van het toelaatbare. Niks aan de hand! Als bonus reed die agent ook weer met sirene voor me uit terug naar die club, zodat ik snel kon gaan draaien. Die boete voor te hard rijden heb ik nooit gekregen. Drie weken later gebeurde bijna precies hetzelfde, weer een chauffeur die afhaakte, maar toen raakte ik mijn rijbewijs wel kwijt. Terecht, want ik had gewoon te veel gedronken. Ik kreeg een EMA-cursus die me 800 euro kostte. Moest ik drie dagen om 06.00 uur opstaan om op tijd bij die cursus te zijn. Vreselijk. Daar zat je in een groep van dertig mensen te luisteren naar gezwam over dingen die je allang weet: dat je niet moet zuipen achter het stuur, hoeveel alcohol er zit in verschillende dranken, welk effect het op je lichaam heeft... daar zat ik totaal niet op te wachten. Drie dagen naar de klote. Ik was nota bene zonder petje daarnaartoe gegaan, maar ik viel direct door de mand. Meteen bij binnenkomst riep een van die malloten: "Hé, DJ Jean!" Nou, daar ging mijn undercoveractie. Na die cursus heb ik ervoor gezorgd dat ik nooit meer achter het stuur kruip met een slok op. Als je namelijk nog een keer gepakt wordt, dan moet je een heel traject in met psychologen en ben je je rijbewijs absurd lang kwijt. Daar heb ik geen zin in. Bij twijfel gebruik ik nu mijn eigen blaasapparaat, en als ik eroverheen zit, dan blijf ik gewoon in de auto wachten.

Naast die cursus ben ik ook een keer of vijf mijn rijbewijs kwijtgeraakt wegens te hard rijden. Dat is het probleem met de politie: als je in een dure sportauto rijdt, dan gaan ze je meteen in de gaten houden, dus er was altijd wel wat. Op een gegeven moment was ik het zo zat dat ik een half jaar lang een donkergroene Toyota Yaris heb gehuurd. Kun je nagaan, staat er een Ferrari in de garage, rij je liever met een Toyota Yaris. Een onooglijk koekblik, maar totaal onopvallend. Ik waande me helemaal incognito, ook omdat ik als ik achter het stuur zat geen pet en bril droeg. Het werd een running gag onder mijn vrienden: "Hé kijk es wie daar is, in zijn Yaris!" Het was niet duur, ik denk dat ik 150 euro per maand kwijt was en dat was een stuk minder dan al die snelheidsboetes. Totdat ik ter hoogte van het Amstelstation in een politiefuik beland. Ik dacht: daar gaan we weer, heb ik zeker voor de zoveelste keer net vijf kilometer te hard gereden. Ik draai mijn raampje open en het eerste wat die agent zegt: "Hé, DJ Jean in een Yaris! Ik was vorige week op Dance Valley, was top hè?" Ik beaam dat het inderdaad een mooie gig was, maar zweet intussen peentjes. Bleek het een alcoholfuik te zijn. Gelukkig had ik niet gezopen en mocht ik weer verder. In mijn Yaris.

Nou was het niet altijd hommeles met de politie. Sterker nog, soms kon je best ver gaan. Zo vonden er regelmatig controles plaats na After Hour Power in de Lexion. De enige toegangsweg was een lullig dijkje en de wouten hadden door dat daar iedere maand 2000 man naar de klote waren en over die dijk gingen scheuren. Dus zette de politie daar om 13.00 uur 's middags een fuik neer. Dat werd ook omgeroepen in de Lexion: "Jongens, houd er rekening mee, er staat een fuik op de dijk." Dan zag je al die vertiefte koppen schrikken, want die moesten twee uur in de auto wachten totdat alles was uitgewerkt. Er is nog nooit zo veel gewandeld rond die dijk als in die tijd. Een keer wilde ik naar huis en ik reed mee met één of ander drugscrimineeltje in een dikke BMW X5. Ik was zelf kats van de kaart van de wodka en we werden aangehouden door een motorwout. Ik stap uit en zeg dat hij al die mensen niet lastig moet vallen. Die agent herkent me, en begint een verhaal over dat hij iedereen moet controleren. Bijzonder irritant, dus toen gaf ik hem met de vlakke hand een tik op zijn helm. Meteen kwamen er allemaal andere wouten bij. "Jean, doe nou niet zo moeilijk, doe even rustig," werd er gezegd. Ik zeg: "Hou op met die flauwekul, je weet dat ik daar gedraaid heb, die mensen horen bij mij." Kreeg ik te horen: "Oké, rij maar door." Op de een of andere manier accepteerden ze dat allemaal, die wouten.

Op Dance Valley had ik een stage genaamd Euro Grooves. Na dat optreden had ik nog een boeking, dus ik wilde snel weg van dat terrein. En natuurlijk was ik niet helemaal fris, want zo'n optreden is van 21.00 tot 23.00 uur, maar ik was er al vanaf 15.00 uur om even gezellig in te borrelen. En dan krijg je ineens weer te maken met zo'n verkeersregelaar. Dat zijn net robots die alleen maar protocollen volgen, niet voor rede vatbaar zijn en niet in staat zijn om andere scenario's te bedenken dan ze opgedragen hebben gekregen. Tsja, dan moet je niet autoritair tegen mij gaan doen, zeker niet als ik een slokkie opheb. Laat ik het zo zeggen: het leverde een hoop gedoe op tot iemand eindelijk zei: "Nou ja, je hebt gelijk, ga maar." Of die keer na Mysteryland. We reden daar weg met mijn Ferrari, natuurlijk rechtstreeks een fuik in. Die vriend van mij gaf wat extra gas zodat de motor lekker begon te loeien. Komt er een wout naar ons toe die vraagt: "Moet dat nou?" Die vriend van mij: "Hé, dit is DJ Jean, die móét toch lawaai maken?" Kregen we een escorte mee!'

NACHT BROMMEN

'Het begon als een leuk dagje op zijn speedboot, maar eindigde met een nacht in de cel.' Dj E-Greck, alias Tony Cha Cha, echte naam Dimitrie Siliakus, was sinds begin jaren 2000 een bekende protegé van Jan. 'Hij had een megaspeedboot en trok zich nergens wat van aan. Dus zopen we in de brandende zon wodka en scheurden we steeds harder door de grachten van Amsterdam. Dat vonden de bewoners van de woonboten en de waterpolitie niet leuk. Nou, dat hebben we geweten. Het leverde een nacht brommen op.'

Dimitrie timmerde als dj hard aan de weg. Hij had al wat vaste draailocaties en wist door te dringen tot de entourage van Jan. Dimitrie: 'Ik leerde Jan kennen in de Piramide in Apeldoorn. Ik opende als nieuwkomer en was helemaal fan van hem, ik had al zijn iT-cd's. Hij onthield mijn naam, want ik heet Dimitrie, net als dj Dimitri van de RoXY, dat vond hij wel grappig. Ik gaf hem een mixtape en mocht hem een week later bellen. Hij zei dat hij die tape goed vond, maar volgens mij heeft hij hem nooit beluisterd. In ieder geval nodigde hij me uit om voor hem te draaien in de iT. Dus ik met mijn platen richting Amsterdam, dat was machtig mooi. En zo was Jan, als je goed draaide aan het begin van de avond, dan mocht je ook nog even draaien als het volle bak was, zo rond een uur of 02.00 's nachts. Dan kon hij even wat anders doen, even op vrouwenjacht.' Met name de manier van draaien van Jan sprak Dimitrie aan. 'Hij kon heel goed een nieuwe plaat op de vorige leggen. Eerst zette hij het geluid van de oude plaat wat zachter zonder dat je het bewust merkte. Dan haalde hij de bas een beetje weg en draaide hij de volgende plaat erin, die klapte er dan op. Als je dat heel de avond doet, dan gaat het maar door. Andere dj's mixen veel langer door, die laten twee platen minuten lang gelijk lopen. Dat deed Jan niet, die ging er hard in zoals bij hiphop gebeurde. En uiteindelijk zette hij het volume altijd harder dan degene voor hem, wat fantastisch werkte.'

Dimitrie was begin twintig en leerde meteen hoe de Nederlandse dj-wereld in elkaar stak. 'We kochten samen platen in een periode dat hij zijn rijbewijs kwijt was wegens te hard rijden. Het was niet de bedoeling dat dit met mijn simpele auto gebeurde, dus ik mocht in zijn Porsche naar Den Haag rijden. Dat was feest. Bij Rhythm Import had je eentjes, dat waren een soort promotieplaten waar er maar een paar van circuleerden. Die waren dan voor hem.'

Toen Jan op Ibiza moest draaien, fêteerde Dimitrie twee Zuid-Afrikaanse promotors op zijn eigen muziek terwijl hij de heren rondreed op het Balearische eiland. 'Ja, ik dacht: waarom ook niet, dus ik liet op weg naar die gig van Jean mijn eigen producties horen en werd prompt geboekt voor een optreden in Zuid-Afrika, samen met Jurgen en Jan. Dat was top. Ik kwam een dag later aan dan de rest en Jan bleek ziek. Dus ik ging in zijn plaats draaien en eenmaal terug in het hotel hoorde ik geluiden uit zijn kamer komen waaruit bleek dat hij toch iets minder ziek was dan gedacht. Hij had gewoon geen zin om die kleine gigs te doen en spaarde zijn energie voor de grote events.'

Misschien was het divagedrag, misschien was Jan toen gewoon snel afgeleid. Dimitrie: 'We gingen ook vaak naar Salou en Lloret de Mar en al die plekken. Hij was daar echt de ster en soms gedroeg hij zich ook zo. Op Ibiza ging hij snorkelen en had daar een hele uitrusting voor aangeschaft, maar op het moment dat hij z'n duikbril wilde opdoen, kwam hij erachter dat hij z'n dure zonnebril nog ophad. Dus hij geeft die aan mij en vraagt of ik hem bij zijn spullen op het strand wil leggen om daar zonder enig spoor van ironie aan toe te voegen: "Je mag hem wel even opzetten, hoor." Als er maar iets verkeerd ging, dan belde hij meteen Anna, ook al kon zij er niks aan doen. Dan hing hij aan de lijn omdat het ontbijt te laat naar de kamer werd gebracht bijvoorbeeld. Dan zat ik daar met kromme tenen naast. Ik heb me altijd afgevraagd of het nou een geintje was, maar Jan leek me op dat moment doodserieus. Maar hij is ook wel nuchter hoor. Hij liet me een keer vol trots zijn nieuwste appartement zien en zei: "En dat allemaal van het draaien van wat plaatjes." Ja, daar is geen speld tussen te krijgen.'

LEKKER REBELLEREN

'Verkeersregelaars had je begin jaren negentig niet. Het was allemaal wat losser. Maar dat veranderde dus radicaal vanaf 2000. Al die nieuwe regeltjes hadden te maken met de professionalisering van de dancescene en ik trok dat heel slecht. Het was een vreemde ervaring om te draaien op feesten die strak omlijnde concepten waren geworden. Alles stond helemaal vast, dan kreeg je bijvoorbeeld een draaiboek waarin stond dat je om stipt 02.35 uur het intro van je eerste plaat moest draaien. Plotseling werden je dj-tassen bij de ingang gecontroleerd, dat had ik nog nooit meegemaakt. Bij Sensation, waar ik vier keer als headliner stond, was dat ook het geval en ik probeerde dat een beetje te doorbreken. Je moest ook ruim van tevoren opgeven wie je allemaal meenam, maar dat wist ik nooit, want dat ging allemaal ad hoc. We verzamelden bij mij en onderweg pikten we nog wat mensen op. Daar kregen we nooit gezeur mee. En nu ineens moest ik zelfs de kentekens van de auto's opgeven! Ja, daardoor ging ik de grote jongen uithangen. Lekker rebelleren. Zo was er een Innercity-editie met als thema Brazilië. Johan Gielen moest voor mij draaien, maar die gozer had een hele andere instelling dan ik. Hij was heel punctueel en duldde niemand in de dj booth, exact de tegenovergestelde instelling van de mijne. Dus dan begonnen ik en mijn entourage wat te narren en ontstonden er wat opstootjes en ruzietjes. Maar ja, ik maakte toen op dj-gebied een soort van de dienst uit, en daar word je onbewust toch een beetje megalomaan van.

Zoals op die editie van Trance Energy waarop ID&T Paul Oakenfold had gestrikt. Dat was toen een grootheid, hij behoorde tot de top 3 van de wereld. Ik had er mijn eigen stage en Oakenfold kwam even backstage buurten op een moment dat ik niet aan het draaien was. Het eerste wat hij zegt is: *"You're DJ Jean right? Can you please arrange some coke for me? Arrange some coke!"* Dus ik legde hem uit dat mij enige verslaving alcohol is en dat ik geen coke voor hem had. Maar dat bleek niet afdoende, want hij zegt: *"What!? So you're the big DJ Jean from Holland and you don'thave some coke?"* Dus ik zeg: "*What the fuck is your problem? Fucking idiot! Don't talk to me like that!*" Iedereen in paniek, want het gebeurde niet zo vaak dat Oakenfold weerwoord kreeg. Hij gaat nogal demonstratief voor me staan en roept: "What the fuck!" Op dat moment gaf ik hem, gewoon met de vlakke hand, een klap op zijn gezicht. Niet hard hoor, maar die gast is vrij klein dus die viel zowat om. Daar heb ik toen een hoop gezeik mee gehad. Mijn boeker Anna was helemaal ontzet: "O, je hebt Paul Oakenfold geslagen!" Ik legde uit dat het wel meeviel, het was slechts een corrigerende tik. Maar volgens Anna was ID&T woest, ik kon dit niet maken en het was een schande. Dat vond ik uiteraard niet. Die gast komt bij mij om coke zeiken, gaat bijdehand lopen doen en dat ook nog eens op mijn stage! Ik kon niet anders dan hem even corrigeren. Vervolgens raakte ik over de kook omdat ID&T het niet voor mij opnam, terwijl die Oakenfold had lopen etteren. Om me af te reageren heb ik op de parkeerplaats een slagboom uit de grond getrapt.

Aan mij heb je een slechte als je anderen belangrijker vindt. Ieder mens is gelijk. Op die grote evenementen moet je altijd interviews geven en tot op de dag van vandaag heb ik vaak geen idee wie die andere dj's allemaal zijn. Ik houd dat niet zo precies bij. Midden in een gesprek op Dance Valley begon die interviewer ineens de boel af te raffelen, omdat een zekere Billy Nasty klaarstond voor het volgende interview. Ja, dan moet je niet bij mij zijn. "Who the fuck is Billy Nasty!" riep ik toen. Misschien een beetje onhandig om dat op beeld te doen, maar je moet mij niet voor de gek houden. Volgens mij draaide die gozer techno, sowieso al niet echt mijn ding. Zo'n persmoment escaleert dan ook weer even. Maar er is natuurlijk maar één interview waar iedereen het nog steeds over heeft. Helaas.'

GRONDLEGGER

Duncan Stutterheim, medeoprichter van ID&T, kwam in de jaren negentig naar de iT om Jan te horen draaien. 'Hij is een van de grondleggers van de Nederlandse clubmuziek. Ik heb nog bandjes van hem gekocht voor 25 gulden en die kopieerden wij dan weer met z'n allen. Samen met Marcello was hij de iT.' De reden om Jean te programmeren als headliner op de eerste editie van Sensation is simpel. 'Hij was een van de grootste dj's van die tijd. Net zo groot als Carl Cox en Sven Väth. Niemand vond het vreemd dat deze namen naast elkaar op een podium stonden.' Ook het succes van de Madhouse-stage op Mysteryland is makkelijk te verklaren. 'Die was iedere editie drukbezocht omdat er altijd goede muziek werd gedraaid. De niet-hardcoreliefhebber ging daarheen, want Mysteryland was in die tijd vrij hard georiënteerd en Jean stond voor de mellow sound. Hij is een legendarische en kleurrijke dj die veel heeft betekend voor de Nederlandse clubhouse.' Toch heeft Stutterheim nog één prangende vraag: 'Wanneer gaan we eindelijk eens dat wereldrecord met honderd draaitafels doen?'

8

RESPECT THE SKILLS

Als iemand van andere muziek houdt, daar heb ik geen problemen mee. Maar ze moeten wel respecteren dat je skills hebt. I've got the skills. Technicaly, you know. Ik weet wat draaitafels zijn en ik weet hoe ze te gebruiken, en ik kan me doodergeren als mensen dat niet respecteren. Als je van een andere muziekstijl houdt, geen probleem. Als je van Johan Gielen houdt, alleen maar trance, of Luna, alleen maar hardstyle, geen probleem weet je wel. Maar… respect the skills. I am the master of the wheels of steel. (…) I know what's going on. Ik kan alles. Scratchen, mixen, fuck it, ik kan alles achter een draaitafel. Ik kan met vijf draaitafels tegelijk draaien, met drie, met vier, met zes, met honderd. (…) Ik ben een dj in hart en nieren. Daarom erger ik me er zo aan dat bepaalde mensen die veel draaien en productioneel heel actief zijn, achter de draaitafels niks presteren. (…) Het klinkt zo verwaand hè. Ik weet dat het arrogant klinkt.

Ben je arrogant of klinkt het arrogant?

Ik ben absoluut niet arrogant, want ik ben al sinds jaar en dag één met mijn publiek.

Is het dan onterecht dat Tiësto overal als nummer 1 wordt gezien?

Wat zei je?

Hoe is het met je gehoor?

Ja goed. O ja, het Tiësto-verhaal. Tiësto is natuurlijk iemand die kan je moeilijk afvallen, want dat is iemand die zo hoog is gevallen in een paar jaar tijd. Maar ik zal nooit vergeten de tijd dat hij bandjes opstuurde in de tijd dat ik overal draaide in '97 en iedereen vroeg die Tiësto, wie is dat toch, ik krijg allemaal cassettebandjes van hem. Ik ken hem wel maar... Hij is wel de eerste die trance, die ik in de jaren negentig verafschuwde, grootgebracht heeft, dus ik veroordeel hem niet. Maar neem één ding van mij aan en dat weet hij ook: er is niks wat hij doet en wat ik niet kan. Is een beetje cryptisch, maar hé, I've got the skills and you know it baby. Fuck it!

'Het beruchte filmpje is in 2004 opgenomen tijdens Dance Valley Indoor in de Brabanthallen. Ik had net een geweldig gekkenhuis afgeleverd. Het was zo'n festivalachtig gebeuren, dus ik had voor en ook tijdens mijn set aardig wat gedronken. Zeker op die momenten verdraag ik iets wat in mijn ogen een groot onrecht is heel slecht. Die interviewer deed een paar uitspraken waarmee hij me op scherp zette. Je ziet dat niet terug in het filmpje, maar hij wilde mij ontlokken dat Tiësto een betere dj was dan ik, omdat hij internationaal meer succes had. Hij was mij dus als het ware ontstegen. Ja, dan tast je mijn eergevoel aan.'

OP DE HIELEN

'In 1999 draaide Tiësto voor mij op Innercity, dat toen de eerste editie in de RAI beleefde. Tiësto was de nieuwe ster die op handen gedragen werd. Niet nieuw qua leeftijd, want hij is net iets ouder dan ik, maar hij draaide trance, wat toen op ontploffen stond. Voor hem was dat zo'n bijzonder optreden dat hij huilend het podium af kwam. Tsja.

Voor mij was trance echt een scheldwoord, dus mijn eerste plaat die avond was een dikke clubplaat met een goede groove. Zo wilde ik laten zien dat het om house draait en niet om trance. Het stomme was dat ik niet in de gaten had hoe groot trance zou worden en dat Tiësto de exponent was van die stroming. Bij mijn vaste platenzaak Rythm Import zeiden ze dat ze meer van die trance verkochten dan van mijn iT-cd's, en in populariteitspolls stond Tiësto steeds vaker op nummer 2. Hij zat mij dus op de hielen. Daar begreep ik helemaal niks van, niet wetende dat hij internationaal gezien erop en erover zou gaan. Daar zat een heel plan achter. Hij had wél een managementteam dat hem promootte. David Lewis was dat, een echte *starmaker*. Zij veroverden de wereld, terwijl ik me nog steeds op Nederland richtte. David Lewis maakte Tiësto eerst groot in de partyscene van Israël en Engeland door hem in die landen voor een prikkie te laten draaien. Vanuit daar werd hij heel de wereld rond geschopt en zo bouwde hij een vaste fanbase van trance-liefhebbers op. Ik had geen zin om voor nop in het buitenland te draaien en al helemaal niet met trance, dat was in Amsterdam toen een scheldwoord. Het was onmogelijk dat ik dat in de iT zou draaien. Mijn vaste lichtjockey kwam eens met "Seven Days And One Week" van BBE aanzetten. Dat heb ik toen pas na heel lang aandringen van zijn kant gedraaid. Ik had ook niet in de gaten dat die *In Search Of Sunrise*-reeks heel succesvol was en pikte het pas veel later op. Ik stond voor leuk geld in de iT en andere clubs, en draaide de muziek die ik leuk vond. Zakelijk gezien niet slim, maar ik volgde wel mijn hart.

Op een gegeven moment kon ik er niet meer onderuit en ben ik trance gaan draaien. Mijn *Madhouse*-serie kwam toen ook uit met twee cd's: eentje met groove club en funky house en eentje met clubtech en trance. Ik kon me daar best goed in vinden en ik heb het ook op Sensation volop gedraaid, maar mijn hart is er nooit naar uitgegaan. Mijn muziek is house: clubplaatjes met vocalen, conga's, een lekkere beat, gewoon gezellig. Dat blijft in de basis mijn ding.'

UITGLIJDER

'Die interviewer ging maar door over het succes van Tiësto en vervolgens verviel ik in megalomane oneliners om aan te geven dat ik degene was die de dj-skills had. Er was niks wat Tiësto doet wat ik niet kan. Sterker nog: wat hij doet met twee handen kan ik met één pink, of het nou om één, tien of honderd draaitafels gaat. Alle grote dj's kunnen natuurlijk prima het ene nummer in het andere mixen, maar ik maak er meer van dankzij mijn trucs en technieken. Ik probeerde dit standpunt duidelijk te maken, maar overschreeuwde mezelf aan alle kanten. Ik had ook geen idee dat dit filmpje zo wijd verspreid zou worden. Omdat ik aan de top stond, zat iedereen te wachten op een uitglijder. En dat was deze. Vergelijk het met Boef en andere artiesten: als je te hoog van de toren blaast, krijg je er een miljoen haters bij. In Nederland mag je jezelf niet bepaalde kwaliteiten toedichten of zeggen dat je ergens goed in bent, want dan ben je de sigaar. En als ik dat filmpje zie, dan snap ik dat ook wel. De manier was niet goed. Het was bijna narcistisch. In tegenstelling tot het grote publiek maakten mensen uit mijn directe omgeving zich er niet druk om. Die hadden meteen door dat ik straalbezopen was, je hoort het ook aan de intonatie en de dubbele tong. Ik noem maar een parallel: als een schrijver op het Boekenbal wordt geïnterviewd, dan komt die anders uit de hoek dan de rest van de 364 dagen. Dan is het allemaal bloedserieus en vooral geen rare dingen zeggen. Maar na een litertje wijn reageren schrijvers anders dan ze normaal zouden doen. En ik was natuurlijk elke week van de kaart.

Die verslaggever was van een internetkanaal, hij was niet van een omroep of iets dergelijks. Jaren later belde hij mij op met de vraag of we een nieuw filmpje konden maken. Ik ben toen heel boos geworden. Hij had in de korte versie zijn gesar eruit gelaten waardoor ik overkwam als een rancuneuze freak. Hij was er medeschuldig aan dat mijn imago een deuk op had gelopen. Het had consequenties voor mijn carrière, want iedereen viel over me heen en dat begrijp ik ook. Ik was die rare arrogante dj. Die uitspraken had ik natuurlijk zelf gedaan, dat was stom, maar de manier waarop het werd weergegeven was heel fout. Ik heb er jaren over gedaan om dat recht te zetten en te herstellen, simpelweg door te doen wat ik altijd doe: door lekker te draaien en keer op keer een feest neer te zetten.

De eerstvolgende keer dat ik Tiësto tegenkwam, was op een studentenfeest in de Escape. Hij geeft me een hand en zegt dat ik wat betreft die dj-skills helemaal gelijk heb. Heel relaxed. Hij is volgens mij de enige die zich er nooit iets van heeft aangetrokken.'

'Een paar jaar geleden gebeurde er weer zoiets bij RTL *Live*. Ik was daar ter promotie van een boek en zou presentator Winston Gerschtanowitz leren scratchen. Ook had ik een remix gemaakt van Usher omdat Lodewijk Asscher van de PvdA in de uitzending zat. Ik had alles op een USB-stick gezet, terwijl ik daar toen net pas mee werkte. Op het moment dat ik aan de beurt was, hoorde ik dat er geen tijd meer was voor die scratchles en had ik

Ik en het been van Sjanneke (fotokaart).

Oerend hard.

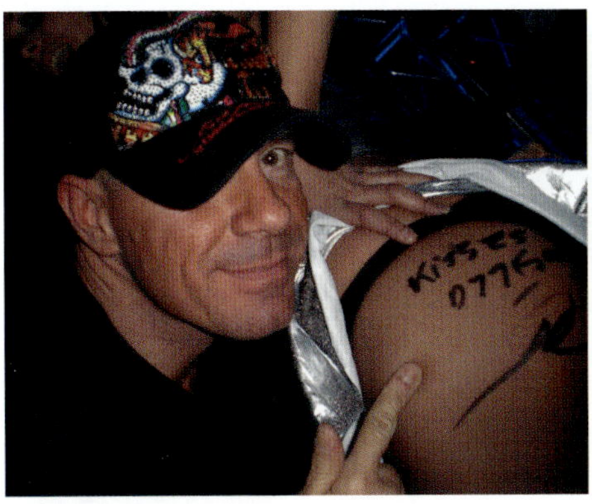

Konttekening in plaats van handtekening.

Nog een fotokaart.

OMG is it really me… Hollebolle Gijs, 2005.

Hard trainen beloond… Back in shape!

Very sexy danseressen in Noorwegen.

Zoals altijd… niet zo netjes…

De rebel himself in full effect.

Opnames videoclip *Gucci Lovers* in Marbella, 2018.

Ik als kermisattractie.

My crew: v.l.n.r. neefje Harm, Joery R.I.P. en Klok, 2006.

Samen met mijn toppers en vaste danseressen Anja en Sjanneke.

The real *tittograph.*

Wessel dacht even leuk te zijn, Sportpaleis Antwerpen.

De cover van *Nieuwe Revu* vol onzin.

Three house legends part one:
Erick E, Marcello en Jean.

Met Koen en Sander, Radio 538.

Me en Rowdy, The Escape.

Three house legends part two:
Marcello, Dimitri en Jean.

Met Mr. Polska.

Met mijn voormalige en eerste MC Lady B.

Met Hardwell en Ray, Bergen op Zoom.

Gezelligheid met Ronnie Flex.

Met Snollebollekes, Dutch Valley, 2017.

Even Patries in de zeik nemen.

De drie J's: José, Jean en Jurgen.

Met Lil' Kleine.

Met Def Rhymz en Captain Jack op Guilty Pleasure.

Urban *meets* house met Chucky.

Model en fan Kim Feenstra wil graag even een selfie maken, Het Glazen Huis, 2017.

DJ Jean, 2017.

dus het verkeerde voorop staan. Hierdoor vergiste ik me tussen twee platen en daardoor leek het net alsof ik niet kon draaien. Dus ja, dat was een klein foutje, maar natuurlijk ging dat weer helemaal viral.

Ik heb ook een hoop gezeik gehad over dat filmpje op Dumpert waarin we een fles Bacardi vanuit een rijdende auto aan Darkraver geven die op dat moment naast ons rijdt. We gingen even wat zachter, raampjes open, en ik geef die fles aan hem. Het was ontzettend rustig, dat kon makkelijk. Het was gewoon een beetje rellen, maar dat kan niet meer, want op alles wat je doet en ogenschijnlijk leuk lijkt, duikt een stel nerds die alles afkeuren. Het is een soort Big Brother Is Watching You. En dan is het niet de overheid die alles controleert, maar de mensen achter hun laptop. Door het internet is het grote publiek als de dood om een misstap te begaan. Iedereen heeft een oordeel klaar en daarom is er geen plek meer voor gekkigheid. De grijze muizen dicteren de moraal en wat overblijft zijn zure azijnpissers. En het gaat snel hè. Zo'n filmpje wordt bekeken door 200.000 mensen, en die lezen dan twintig commentaren waarin moord en brand wordt geschreeuwd. Vervolgens neemt iedereen die mening klakkeloos over en vinden ze het ook heel erg wat er te zien is.

De laatste tijd heb ik wat leuke brave dingetjes gedaan die als sociaal acceptabel worden gezien. Dan merk je meteen dat het sentiment positief wordt bijgesteld. Maar kijk uit: één uitglijder en je bent weer een paria. Dat is de brainwash die social media bij de mens teweegbrengen. Maar bij sommige mensen kun je het nooit goed doen. Een tijdje terug draaide ik op een charity-event voor parkinsonpatiënten, en dan lees ik later ook weer berichten waarin mensen lopen te zeiken. Tsja, hoge bomen vangen veel wind. Omdat ik zo'n controversiële dj ben en geen blad voor de mond neem, proberen de haters je te pakken. Aan alle haters zou ik dan ook willen zeggen: fuck you. Nou, tot zover die filmpjes en nu ga ik het er nooit meer over hebben.'

TIËSTO, KING OF TRANCE

Tiësto en Jean stonden ook wel bekend als respectievelijk the King of Trance en the King of Club. Tiësto: 'We hadden ieder echt een eigen stijl. Dus dat ging goed samen, ook als we op hetzelfde feest stonden geprogrammeerd, zoals op Innercity of Sensation. Vlak voordat ik doorbrak was Jean zonder twijfel de grootste in Nederland, zo rond 1996-1997. Hij was de man. Jean was toen al een oldskool dj, hij was ontzettend goed met mixen en scratchen.' Het beruchte filmpje is Tiësto natuurlijk ook niet ontgaan: 'Kijk, Jean was gewoon dronken. Dat was hij regelmatig in die tijd – ikzelf ook trouwens. Maar ik ben dan nog wel slim genoeg om geen interviews te geven. Om precies die reden. Les nummer één als het om reputatie gaat, maar Jean maakte dat niets uit.' Evengoed vindt de Bredase dj dat Jean inhoudelijk een punt heeft. 'Technisch gezien is er niemand zo vernuftig als hij, daar kun je niet omheen. Ik heb het dus nooit persoonlijk opgevat, hij is ook gewoon goed. Maar om dat op die manier over jezelf te zeggen, is nogal onhandig.'

Naarmate het nieuwe millennium aanbrak werd club steeds kleiner en won trance aan populariteit, het moment dat Jean en Tiësto ieder meer een eigen kant opgingen. 'Ik werd steeds vaker internationaal geboekt en ja, Jean bleef als het ware achter in Nederland.' Wel opvallend, want Jeans grootste hit – 'The Launch' – was nog niet eens zo heel oud. 'Klopt, dat was ook een gigantisch succes, zeker in die tijd. Als Jean vanaf dat moment had doorgepakt, had hij net zo groot kunnen worden als ik, minstens. Dat geldt overigens voor meer dj's uit die tijd, zoals Erick E. Waar jongens als Armin van Buuren, Ferry Corsten en ik volop gericht waren op eigen producties en dus veel in de studio zaten, bleef Jean hangen in dat clubcircuit. Hij was dan ook echt een clubman, terwijl ik altijd vroeg naar huis ging om de volgende ochtend weer aan de slag te gaan in de studio – zonder kater.'

OLYMPISCHE FINALE

'Tegenwoordig wil iedereen en alles dj worden. Het is een epidemie. Mensen willen bekende koppen zien, zoals soapsterren. Het gaat niet meer om je vakmanschap als dj, maar mensen kopen een kaartje om degene te zien die bepaalde muziek heeft gemaakt. Het is een *artist show*. Als dj moet je tegenwoordig produceren.

Draaien is mijn sport en ik wil op dat moment het maximale eruit halen. Iedere set beschouw ik als een olympische finale. Op festivals zie ik regelmatig dj's helemaal in paniek raken als ze één of twee platen langer door moeten draaien. Ze zijn dan niet in staat om vijf minuten langer door te gaan en stoppen gewoon. Onbegrijpelijk. Daar ben ik te veel dj voor.

Je leert van het veel en op verschillende plaatsen draaien.

Week in week uit ontdek je wat je moet doen om teruggevraagd te worden. Wat mij onderscheidt van andere dj's is een bepaalde manier van mixen waarmee ik speel met volume, tonen en dynamiek. Het is een combinatie van weten wat je op dat moment moet draaien, plus de techniek van het draaien zelf. Bij het mixen van twee platen kan ik voor een shockerend effect van die overgang zorgen. Als de volgende plaat definitief wordt ingemixt, dan breng ik met een bepaalde instelling van mijn tonen een bepaald contrast aan, waardoor die plaat er drie keer zo hard inklapt. Hierdoor krijg je alleen al op de beat een juicheffect, zonder dat het publiek het thema al hoort. Dus alleen bij de percussie gaan de handen al in de lucht. Dan komt er in de volgende plaat een extra hihatje bij of een conga bij en dat mix ik dan zo dat iedereen juicht vanwege het verschil in percussie. Dat kan ik doen dankzij mijn jarenlange ervaring. Ik gebruik de cd's als een draaitafel. Alles wat er aan techniek op zit, gebruik ik niet. Ik gebruik alleen oldskool skills.

Het lezen van het publiek is erg belangrijk. Maar je moet ook bereid zijn er wat mee te doen. Ik ben flexibel in mijn muziekkeuze en ga als het nodig is van house in al zijn varianten naar latin-house of zelfs urban-achtige r&b indien nodig. In Nederland moet je tegenwoordig snel kunnen overschakelen op andere stijlen om de nieuwe generatie mee te krijgen. Diversiteit is belangrijk. Ik kan heel goed het publiek analyseren en op het juiste moment de juiste platen draaien. Dat is een soort magisch iets, dat is niet onder woorden te brengen. Ik erger me kapot aan dat gebrek aan inzicht bij anderen. Het gebeurt wel eens dat een dj precies dezelfde plaat draait die ik een kwartier ervoor nog draaide. Dat komt omdat ze vastzitten aan dat setje dat ze willen doen. Vroeger had je wel eens een hit die een paar keer voorbijkwam, maar daar zat dan meestal een paar uur tussen. Daarbij komt dan ook nog mijn techniek, dat maakt me tot de dj die ik ben.'

VOLLE LAAG

'Ik hang nogal aan tradities. Vinyl was mijn specialiteit, niemand kon tegen mij op. Ik was er superbedreven in. De overstap van vinyl naar cd viel me dus heel zwaar. Het was het begin van het einde van de dj-skills. Het ambacht zag ik ten onder gaan omdat dj'en door die digitalisering heel makkelijk werd. Om vinyl te kunnen draaien, moest je jarenlang oefenen. Maar ineens had je meer dj's dan werkelozen. Het geluid van vinyl is ook anders, het is wat voller in het laag. De dynamiek is iets beter. Cd's zijn wat vlakker. Maar ja, dan moet je laag gewoon wat bijdraaien.

Ik verzette me met hand en tand tegen de komst van cd's. En ik was destijds niet de enige. Erick E kreeg van Robin Albers in de Escape de volle laag tijdens het Amsterdam Dance Event. Dat was een conferentie en Robin riep dat Erick E op Dance Valley met cd's draaide. Dat kon natuurlijk niet, want echte dj's draaiden met vinyl. Ja, ik stond daar in die zaal te juichen, want ik was het helemaal met Robin eens. Toen ik op Dance Valley klaar was met draaien, ben ik bij Laidback Luke gaan kijken als een soort dj-politie en ben daar echt gaan schelden en doen omdat hij met cd's stond te draaien. Superkinderachtig van mij en natuurlijk weer eens in beschonken toestand. Sympathiek als Laidback Luke is, schonk hij er verder geen aandacht aan.

Een jaar later stond ik zelf ook met cd's te draaien. De jongens die met me meegingen waren daar wel blij mee, want die platentassen wogen 20 of 30 kilo. Bovendien scheelde het ook veel gezeik op vliegvelden. Ik wilde die tassen altijd mee de cabine in en soms mocht dat niet. Daar maakte ik altijd stampei over. Die platen mochten natuurlijk niet in het ruim, dan gingen ze kapot of raakten ze kwijt. Dat was mijn kapitaal. Soms riep het luchtvaartpersoneel dan de marechaussee erbij. Het gebeurde regelmatig dat die platentas niet op de band verscheen. Dan stonden die platen op een ander vliegveld dan ik, ja, dat schiet niet op. Je had geen back-up. Zonder platen geen optreden. Dan zat ik ineens zonder platen die ertoe deden.'

GEEN HOGERE WISKUNDE

'Met die mp3's is het hek nu helemaal van de dam. Qua vaardigheden is er van het dj'en niks meer over. Iedereen kan een uurtje draaien. Dus ik begrijp dat in het rijtje van de vijf, zes dingen die nodig zijn om een succesvolle dj te worden, draaien nu onderaan staat. Ik snap wel dat zoveel mensen zich erop storten. Het is met voorsprong het ding in de wereld waar je het minste voor hoeft te kunnen, en toch multimiljonair mee kunt worden. Er is geen ander baantje waarbij dat kan. Zelfs als je darter bent, moet je nog tien uur per dag oefenen. Om het hoogste in iets te bereiken, moet je oefenen, behalve voor dj'en. Zelfs het produceren is tegenwoordig geen hogere wiskunde meer. Als we in de auto zitten verbazen we ons soms over de karige kwaliteit van nieuwe releases. Iedereen kan zijn muziek de wereld in slingeren zonder enige vorm van kwaliteitscontrole door een label. Je hoort dus een hoop troep, het is nog meer zoeken naar de speld in de hooiberg. Het is steeds lastiger om een goede plaat te vinden. Ook mensen die geen topproducers zijn, brengen platen uit. Dat zijn dan weer vriendjes van vriendjes die dat voor elkaar regelen. Als je tien goede platen wilt, dan moest je eerst tweehonderd platen beluisteren. Nu duizend. Het enige is dat je nu veel minder geld aan muziek kwijt bent. Ik kreeg vroeger veel promo's toegestuurd, dat is nu ook niet meer zo, want alles verschijnt overal. Het is copy-paste.'

'Wil je een bekende dj worden, dan moet je aan deze top 5 voldoen:

1. Je moet goed kunnen produceren of dat aan ghostproducers overlaten.
2. Je netwerk en social media moeten van het allerhoogste niveau zijn. Hierbij speelt het bouwen van luchtkastelen een belangrijke rol en is er vaak sprake van gebakken lucht.
3. Je moet een goed management hebben dat met een goed marketingplan komt. Zorg dat je bij de grote jongens zit, want die bepalen de markt. Dus bijvoorbeeld bij Armada of Spinnin Records.
4. Je moet de juiste looks en uitstraling hebben.
5. Je moet in ieder geval een beetje kunnen draaien, maar dat is bizar genoeg vandaag de dag misschien wel het minst belangrijke.'

'Het totaalplaatje van een dj moet kloppen, want de nadruk ligt niet meer op het draaien zelf. Dankzij alle software is draaien ontzettend gemakkelijk geworden. Je hoeft geen jaren meer te oefenen om twee uur in de club te staan. Een rijke pappie kan trouwens ook helpen bij je carrière. Je kan ghostproducers inschakelen en jezelf een weg omhoog kopen door flink te investeren in management, marketing en branding. Het scheelt ook als je zakelijk handig bent en als je begrijpt wat er in contracten staat.'

9

OLIEBOL

“‘Jezus, wat zie jij eruit man, met die dikke plofkop! Kijk eens in de spiegel. Je ziet eruit alsof je laatste uur geslagen heeft. Je lijkt wel een wandelende oliebol, hoe lang denk je dit nog vol te houden?” Toen mijn huisarts dit zei, wist ik dat het tijd was om af te vallen. Die arts zat destijds midden op de Wallen en was wel wat gewend, want hij was heel de dag alleen maar met die junks en hoeren bezig. Daardoor had hij een hele grote bek en was hij recht voor zijn raap. Ik moest daar een keer langs en de laatste keer dat ik er was geweest, was vier jaar ervoor. Waarvoor ik er was, weet ik niet meer. Het was in ieder geval geen soa. Dat heb ik wel eens opgelopen, maar naar verhouding heel weinig. Bij vrienden was het elke maand raak, maar bij mij niet. Waarschijnlijk was ik immuun geworden. Kinderen die vanaf hun geboorte op een vuilnisbelt leven, worden nooit ziek. Ik weet niet of het kan, maar het lijkt of ik resistent ben geworden voor chlamydia. Maar goed, als mijn huisarts, die aan de lopende band verrotte junks behandelt die halfdood zijn, zo reageert op mijn uiterlijk, dan moet er wel iets aan de hand zijn. Logisch, ik woog toen ook rond de 95 kilo, dat was zeker twintig kilo te veel. Het besef daalde in dat er wat moest veranderen, dat was zo rond 2006. Die gozer heeft daarmee mijn leven gered.

Alles wat niet gezond was, at ik in grote hoeveelheden. Drie gehaktstaven met als toetje een paar marsen, daar draaide ik mijn hand niet voor om. En dan dronk ik ook nog wodka als water. De arts raadde me aan om mijn drinkgedrag zoveel mogelijk te compenseren door de rest van de week gezond te leven. Ik heb me met ziel en zaligheid gestort op gezonde voeding en alles wat daarbij komt kijken. Wat doen bepaalde stoffen met je lichaam? Hoe zit dat met vitamines en mineralen? Welke vezels zijn goed voor je? Dat ben ik allemaal gaan onderzoeken, ik ben intussen een prima amateurdiëtist. Nachtenlang heb ik voedingsites doorgespit. Het voordeel is dat ik in de supermarkt precies weet wat welk eten met je doet. Op een gegeven moment had ik een vetpercentage van negen procent. In de Escape kwam ik Taeke Taekema van het Nederlands hockeyelftal tegen, die riep dat hij hetzelfde percentage had. Kun je nagaan, als dj had ik dus het lichaam van een professionele sporter. Taeke nodigde me nog uit om een keer mee te trainen, maar daar is het nooit van gekomen. Ik heb me nog nooit zo goed gevoeld als toen.

Maar het had ook een nadeel: al het vet verdween uit mijn gezicht en veel mensen dachten dat ik doodziek was, dat ik aids had. Spuugzat werd ik ervan, ik voelde me 300 procent beter dan de jaren ervoor en iedereen vroeg wat ik onder de leden had. Dat was best frustrerend. Mijn vetpercentage schommelt nu rond de 14 procent, maar rond de zomer moet dat 11 procent zijn. Ik moet altijd het strand op kunnen, dat is mijn referentiekader. Dankzij dat afvallen was ik weer fit en stond ik fris op het podium, maar ik vond nog een manier om mijn optreden een extra boost te geven.'

DE MC'S

'Op veel feesten in de Lexion en op Hour Power stond MC Prime het publiek nog eens extra op te zwepen. Dat was voor mij een nieuw en interessant fenomeen. Boven op de beats legde hij met zijn stem een extra laag en dat werkte als een malle. Een goede mc kan net even dat beetje extra geven wat je als dj niet lukt met alleen het draaien. Dus net even wat langer wat meer handjes in de lucht zodat het echt een gekkenhuis wordt. Het is de kers op de taart. Als je de hype van een moment bent, zoals Lil' Kleine of Ronnie Flex dat zijn, dan heb je geen mc nodig want dan gaat iedereen sowieso wel los. Maar voor mij heeft het echt een toegevoegde waarde. Ik kom ook wat meer op gang qua vibe en doen en laten. Overigens kan een minder goede mc het tegenovergestelde opwekken. Dan ga ik me kapot lopen ergeren en kruip ik in mijn schulp. De timing is dan slecht en hij overschreeuwt zich, het liefst dwars door de vocalen heen, vreselijk. Een goede mc heeft een goede, volle stem, een goede timing en lekkere teksten. Als ik voor een wat ouder publiek moet draaien, krijg ik wel eens de vraag of ik geen mc wil meenemen. Dat doe ik dan toch en achteraf vindt men het helemaal geweldig.

MC Prime was de enige mc die ik kende, tot ik in de Escape moest draaien en daar Lady Bee bezig zag. Dat vond ik zo ontzettend vet dat ik haar meteen heb gevraagd om met mij te gaan toeren. Dat heeft ze twee jaar gedaan totdat ze zelf ging dj'en en produceren. Daarna kwam ik MC Boogshe tegen en is zij mijn vaste mc geworden. Ze had een track opgenomen met Tony Cha Cha en daar was ik zwaar van onder de indruk. Ze heeft een fantastische stem en was net als Lady Bee een stoer wijf. Zeven jaar lang is ze mee geweest, met als hoogtepunten de grote optredens op Dance Valley en in 2007 met Radio 538 op het Museumplein. Dat was echt te gek. Maar op een gegeven moment moesten we weer afscheid nemen van elkaar. Het valt ook niet mee om lange tijd met mij om te gaan. Als je niet drinkt, dan wordt het lastig. Je valt dan buiten de toon. Als je met vier man op pad bent en drie ervan zijn bezopen, dan ga je je ergeren aan de rest. Ik bleef overal hangen en zij wilde na een show meteen naar huis. Zo ontstaat er wrijving, al ligt dat eerder aan ons dan aan haar. Nu ben ik alweer vier jaar met MC Maron Hill op pad. Ik kwam hem tegen in Purmerend in een zaak die een vriend van mij net had geopend. Hij stond daar te draaien met de uitstraling van een pleerol. Hij draaide wel goed, maar hij keek alleen naar beneden. Ik nam het van hem over, hij pakte de microfoon, begint te mc'en en transformeert ineens tot een megaster. Ik was helemaal verbaasd over zijn timing, die was perfect. Dat had ik nog nooit meegemaakt. Van een timide pannenkoekenfiguur veranderde hij ineens in een top-mc. Ik was verbijsterd. Dus ik zeg dat hij voortaan met mij op pad moet. Dat zag hij wel zitten en vrij snel waren we onafscheidelijk.

Hij kwam precies op het juiste moment in mijn leven, dankzij hem ben ik DJ Jean 3.0. De paar dingen die hij zegt, zoals "put your hands up in the air", die hebben zo'n overtuigingskracht dat het publiek het gewoon doet. Mensen om me heen bagatelliseren zijn rol vaak, die beweren dat ik het wel alleen kan, maar dat is niet zo. Hij zorgt ervoor dat ik het verschil kan maken. Hij kan dezelfde magie met een paar woorden creëren zoals ik met mijn draaikunsten. Wij zouden eigenlijk on top of the world moeten staan. Overal krijgen we van organisatoren te horen dat ze nog nooit zoiets hebben meegemaakt. Maron en ik vormen een onverslaanbaar tagteam. Hij zit er altijd op het juiste moment bovenop en is altijd op het juiste moment stil, dat is maar weinigen gegeven. Zijn performance is van zo'n verschrikkelijk hoge kwaliteit dat hij altijd het verschil kan maken. Nu ik met hem op pad ben geeft dat echt een nieuwe boost aan mijn carrière. De huidige tijd vraagt om een mc. House is volksvermaak geworden en dat opzwepen hoort erbij.

Voor mij moet het hele plaatje kloppen. Ik heb weinig eisen, maar aan de eisen die ik heb moet wel worden voldaan. Daar ben ik heel gevoelig voor. Als er iets niet klopt qua licht of geluid, dan kan ik echt van slag raken. Als ik het niet naar mijn zin heb, dan slaat dat over op het publiek. Mensen voelen dat aan, die zien dat aan mijn houding. Ik beweeg anders en draai minder dynamisch. Uiteraard probeer ik er het beste van te maken, maar ik loop dan wel in mezelf te schelden.

Er moet bijvoorbeeld altijd rook en een lichtjockey zijn. En juist daar is tegenwoordig weinig aandacht voor. Lichtjockeys zetten steeds vaker een automatisch programmaatje op. Zonde, want je mist de interactie met de mensen op de vloer. Terwijl ik bezig ben om het maximale eruit te halen, laten ze aan de andere kant steken vallen. Voordat ik ga draaien probeer ik dan ook altijd alles op orde te krijgen. Dus dan spoor ik die lichtjockey op om hem te vertellen dat we samen een goede avond gaan neerzetten en hij zich er niet gemakkelijk van af kan maken met wat presettings. Na afloop ben ik de eerste om hem te bedanken. De vloeistof van een rookmachine mag ook niet op zijn als ik begin. Dankzij rook komt het licht veel mooier uit. In de iT was dat altijd super geregeld, dus voor mij ligt de lat erg hoog. Helaas zijn ze er op sommige locaties helemaal niet mee bezig. Komen ze heel flauw met een sigaret aanzetten als ik om rook vraag. Niet te doen.'

NAAKT OP BED

Bianca Latupapua – beter bekend als Lady Bee – draaide halverwege de jaren ’00 vaak op Asian- en 2step-party’s, totdat ze door Anna Agency gevraagd werd om eens als mc op te treden bij DJ Jean op een houseparty in de Amsterdamse Escape. Jean bleek onder de indruk van Bee’s mc-skills en vroeg haar mee op tour. ‘Vanaf dat moment was ik zijn vaste mc.’ Redelijk vernieuwend in die tijd, het kwam niet veel voor dat een dj steevast een mc naast zich had staan. ‘Hij nam ook altijd twee danseressen mee, we waren echt een team. Ik heb ontzettend veel van hem geleerd, hoe je kunt inspelen op verschillende soorten publiek bijvoorbeeld. We kwamen namelijk overal, van studentenfeesten in boerengehuchten tot grote feesten in de stad.’ Jean heeft Bee altijd vertrouwen gegeven, ze stelt zelfs dat hij haar heeft ontdekt. ‘Ik ben na die tijd getekend bij het agency van Erick E, waarna ik mijn solocarrière heb kunnen starten. Daar ben ik Jean nog steeds dankbaar voor.’

Mc’en is een vak apart, je kunt algauw de plank misslaan en als irritant worden beschouwd. Bee: ‘Timing is belangrijk, dat je het publiek op het juist moment net dat zetje kunt geven. En je moet begrijpen dat de show wel echt om de dj draait, niet om jou. Anders ben je een rapper, geen mc. Zeker in het geval van Jean, want hij is gewoon de man. Er komt wel even iemand binnen. Hij heeft een soort sympathieke arrogantie over zich heen, waardoor-ie er nog mee wegkomt ook. Want ja, het is DJ Jean.’

Maar juist omdat het Jean is, kwam Bee regelmatig in bijzondere situaties terecht. Ze herinnert zich nog een show ergens buiten de randstad, waarna het keihard sneeuwde. 'Na afloop zouden we bij hem nog even een drankje doen, dus wij rijden achter hem aan naar Almere, waar hij destijds woonde. In de woonkamer stonden dikke draaitafels, dus wij meteen mixen en scratchen. Maar waar was Jean? Lag hij gewoon naakt op bed met alleen zijn pet op. Ik val op vrouwen en kon er wel om lachen, maar mijn vriendin totaal niet, dus die wilde naar huis. En Jean maar doen alsof er niets aan de hand was. Backstage haalde hij ook vaak zijn lul uit z'n broek om indruk te maken. Jonge, onzekere meisjes willen daar nog weleens voor vallen.' Anno 2018 komt Bee Jean nog weleens tegen op een feest, als hij na haar moet draaien. 'Het is knap dat hij ondanks de veranderde scene en de concurrentie van urban liveacts nog steeds zoveel boekingen heeft. Maar hij zal altijd zijn ding blijven doen, want hij is en blijft DJ Jean.'

MC Boogshe (Rachel Velberg) nam in 2006 het stokje van Lady Bee over. 'Het was waanzinnig, we deden grote festivals, bierfeesten, clubs – we kwamen overal. En veel zuipen natuurlijk. In het begin deed ik vrolijk mee. We hadden van die flesjes vitaminewater en daar zat wel water in, maar de andere helft bestond uit wodka. Die lifestyle hield ik niet lang vol, want ik kreeg last van mijn stem als gevolg van een poliep.' De mooiste herinneringen heeft Boogshe aan de Madhouse-stage op Dance Valley. 'De muziek, de gezelligheid, de saamhorigheid, alles kon daar. Tegenwoordig loopt iedereen er helemaal opgedirkt bij als een soort poppetjes, maar bij Madhouse mocht je gewoon zijn wie je bent. Of je nou een huppelkutje bent of wat meer tokkie, iedereen was daar welkom.

Negentig procent van de tijd was het lachen, gieren, brullen. Waar we ook waren, of het nu een hooischuur was of een bedrijfsfeest met tien man, we maakten overal wel een feestje. Ik kan wel zeggen dat mijn tijd met Jean absoluut rock-'n-roll was. Die keren bijvoorbeeld dat hij me *dickpics* appte zodat ik die door kon sturen naar mijn vriendinnen. Moest ik zijn piemel promoten! Hilarisch als ik er nu aan terugdenk.'

Uiteraard was niet alles rozengeur en maneschijn. 'Af en toe hadden we woorden over te laat komen en soms, als er een flinke scheut wodka in zat, waren zijn draaiskills niet helemaal meer *on point* en kon hij zich misdragen tegenover anderen.' Ondanks dat hadden de twee op het podium een waanzinnig goede klik. 'Hij gaf me de ruimte om te rappen en dat maakte het uniek. Dan ging hij scratchen en ik beatboxen, dat gebeurde bij geen enkele houseset.'

HARDWELL OP MADHOUSE AHOY

'Mijn stages op die grote feesten als Mysteryland en Dance Valley waren vaak de drukste. Die overtroefden de mainstage, iedereen wilde erbij zijn. Op Trance Energy in de Jaarbeurs in Utrecht had ik ook een eigen Madhouse-stage, de enige stage waar het nog een beetje clubby klonk. Je had toen van die parachutestofbroeken en die gleden makkelijk van je kont, zeker als je zoals ik geen onderbroeken draagt. Dus stond ik voor 10.000 man te draaien en werd ineens die broek naar beneden getrokken. Begon een fan die ik wel vaker tegen was gekomen mij te pijpen. Die hele set heb ik met een ongelooflijke smile staan draaien. Nu zou iedereen dat backstage gefilmd hebben, maar gelukkig had je toen nog gewoon van die simpele Nokia'tjes. Na dat optreden had ik nog een boeking bij de Dansfabriek in Utrecht, maar die heb ik niet gered. Ik ging direct met dat meisje naar huis. Gelukkig kon Jurgen voor mij invallen, al liep dat niet goed af, want die was lekker gaan zuipen omdat hij dacht dat hij klaar was. Die was zo ver heen dat ze het beter de Zuipfabriek konden noemen. Dat pijpen was wel een terugkerend dingetje. Het hoogtepunt was een keer in Mallorca. Twee meiden hadden mij continu in de peiling, dus toen ik ging draaien stelde ik ze voor dat ze allebei plaatsnamen onder een draaitafel. Ja, dan mix je toch net wat sneller door naar de volgende plaat dan normaal.

Dankzij het succes van die Madhouse-stages vond Dance Valley-organisator UDC het in 2009 tijd dat ik een soort concert ging geven in Ahoy. Het sportpaleis werd omgetoverd tot één grote Madhouse, met allemaal verschillende areas. Het was een hele eer dat ze dat in gang wilden zetten, maar ik heb altijd een beetje moeite met van die opgeklopte dingen. Er kwam zoveel op me af dat ik er gek van werd. Het voelde een beetje als oud en nieuw, dat is ook altijd zo geforceerd. Als het leuk moet worden en helemaal de bom moet zijn, dan ben ik er alweer klaar mee. Heel raar. Ik heb dan liever een gewone clubavond die veel leuker blijkt dan verwacht, dan een avond vol hoge verwachtingen die niet waar worden gemaakt. Op die avond wilde iedereen ook wat van me, logisch, want het is mijn avond, maar laat me alsjeblieft gewoon lekker draaien zonder al die poespas eromheen. Er was zelfs een persdag van tevoren georganiseerd, wat een onzin.

Maar goed, in de kleinere zalen heb ik onder andere Hardwell neergezet. Dat was toen een jong talentje, en nu staat-ie al een paar jaar in de Top 3 van de DJ Mag Top 100. Ik zag direct al dat hij bovengemiddeld goed was qua draaien. Als producer had hij het ook in de vingers want hij zat bij Digidance waar hij werd begeleid door de Klubbheads. Hij had een keer een bubblingversie van een van hun nummers gemaakt, maar niemand wist wie daarachter zat. Jan Voermans deed bij Radio 538 een oproep: of die Hardwell zich bij de zender kon melden. Binnen een uur hing Robbert (Hardwell) aan de lijn.

Een keer moesten we allebei draaien bij Mambo Beach op Curaçao. Hij vertelde dat hij weg wilde bij zijn toenmalige boeker en toen heb ik hem aangeraden om zich bij Anna aan te sluiten, en dat heeft hij gedaan. En hoe! Die gozer heeft heel de wereld veroverd. Ik krijg dan altijd de vraag of ik het niet jammer vind dat mijn internationale carrière niet zo groot is als die van hem, Armin van Buuren of Tiësto, maar mensen vergeten wel eens dat ik me het leplazarus heb gevlogen, alleen waren er toen nog geen social media, dus wist bijna niemand dat! Met de airmiles die ik heb gespaard, kan ik de rest van mijn leven gratis boodschappen halen bij de Appie.'

SU

'Halverwege de jaren 2000 kwam ik als eerste bekende Europese dj in Suriname draaien en heel het land stond op zijn kop. Op het vliegveld werd ik opgewacht door honderden schreeuwende meiden. Nina Jurna, die verslaggeefster van *RTL Nieuws*, maakte er nog een reportage over. Ik was daar heel de dag op tv en de radio. Toen we 's avonds naar de Anthony Nesty-sporthal gingen, waar 4000 man in pasten, ontstonden er opstoppingen in het verkeer. Dat had niemand voor mogelijk gehouden. Het was een soort kopie van Sensation, iedereen kwam in het wit. Daarna ben ik er nog een paar keer geweest. Iedere keer als we op het vliegveld van Paramaribo aankwamen, kregen we een koninklijk ontvangst. De marechaussee was fan van me en we werden dan opgevangen in een aparte ruimte waar de wodka klaarstond en daarna werden we rondgereden in een limo, dat was allemaal goed geregeld.

In Suriname was het altijd leuk, ik moest vaak twee of drie avonden draaien en plakte er meestal een paar dagen aan vast. We gingen op stap met de organisatie, die namen ons mee uit eten, we deden een drankje, dan kwamen er vrouwen bij en ja, dan werd het gewoon gezellig. Nou ja, laat ik eerlijk zijn: het betaalde allemaal wat minder dan in Nederland, maar ik val op donkere vrouwen en die zijn in Su volop aanwezig. Dat is gewoon een unique sellingpoint, zoals ze dat noemen.

Een keer gingen we vanuit Suriname naar een boeking in Brazilië. Kwamen we er een paar uur voordat onze vlucht vertrok achter dat we een aantal prikken moesten hebben. We hadden dus een boekje nodig met stempels als bewijs. Een vriend van ons, VJ, kende een arts die dat kon regelen. Die vertrok met een pak geld en een uurtje later hadden we de inentingen. Niet in ons lijf, maar wel in dat boekje. Uiteindelijk was het een kansloze missie, want ze waren daar in Brazilië helemaal niet bekend met house.

Dat die inentingen best belangrijk waren, bleek toen ik een van mijn beste vrienden verloor: Joery. We deden een tour door Suriname en pakten ook nog de Antillen mee. In Su aten we op een avond bij een wat morsig restaurantje aan de rivier. De volgende dag had ik last van mijn maag en was misselijk. Joery had dat ook, maar bij mij ging het over en bij hem niet. Zelfs terug in Nederland bleef hij maar overgeven en had hij diarree. De huisarts moest er aan te pas komen, maar die wist niet wat het was, de specialist in eerste instantie ook niet. Pas maanden later bleek hij een exotische parasiet in zijn ingewanden te hebben. Die tastte alles aan en zorgde ervoor dat er maagsappen gingen lekken. Ineens lag hij op de intensive care, en vervolgens werd hij net zo makkelijk ontslagen uit het ziekenhuis. Toen wilde hij weer mee met ons, maar hij had een stoma en zat nog helemaal onder de medicijnen. Dat weerhield hem er niet van om in één keer een halve fles wodka op te drinken. Het was in die tijd allemaal stoer doen, je wilde jezelf niet laten kennen. De cultuur was gekkigheid en zuipen. Als grote gast wil je dan niet ineens overstappen op een Spa Rood. Dat ging nog een maandje goed, en in een mum van tijd was hij dood. Zo'n grote vent, geveld door een vreemde parasiet. Bizar.

Naast Su deden we ook vaak een Madhouse-Antillen-tour. Dan huurde ik een villa op Curaçao plus een auto, en iedereen deed vanuit daar zijn eigen ding. Af en toe een feestje en na een paar dagen zat dat huis vol met vrouwen. Die bleven daar dan gewoon als wij op en neer naar Aruba moesten. Fantastisch, het was gewoon lol hebben met iedereen die aan wilde haken. Of nou ja, ik koos de mensen die ik om me heen wilde hebben wel nauwkeurig uit, want je moet uit het juiste hout zijn gesneden.

Hells Angel Ed was er zo eentje. Die ging vaak met me mee naar het buitenland, naar Johannesburg bijvoorbeeld. Ik was ambassadeur van het Wereldnatuurfonds en had op een grote bijeenkomst in een stadion gedraaid, nadat ik eerst op het podium Nelson Mandela de hand had geschud. 's Avonds wilde ik nog even op pad, maar Ed zag dat niet zitten. Hij zoop niet zoveel, dus die lag er meestal wat eerder in dan ik. Stappen in Johannesburg was lastig, want het werd afgeraden om daar in je eentje de stad in te gaan. Je moest ook niet stilstaan bij een stoplicht, want dan had je de kans dat je beroofd werd. Dus buiten het hotel hield ik een taxi aan en vroeg of die chauffeur een tent kende waar vrouwen waren. Die taxi was een barrel zonder ramen en die kerel wist wel een tent. Wij rijden en rijden, totdat we in een ontzettende achterbuurt terechtkwamen. Daar stonden geen huizen van steen meer, maar alleen maar krotten en hutjes. Drie palen en een rieten dak, dat werk. Het werd steeds erger, zelfs gangsternegers zouden er niet op straat durven lopen. Die taxi slaat een louche steegje in en veel meer getto dan dat kon het niet worden. Kuilen in de weg, open riool, verschrikkelijk. *"Here we are,"* roept hij, en hij wijst met een grote glimlach een van die hutjes aan. Ik stap uit en doe de deur open van die hut. Het was net een slechte maffiafilm, alles was donker en die tent stond vol met wietdampen. Binnen staan zes gespierde gasten in ontbloot bovenlijf te poolen. Die gasten zien mij staan en ik heb nog nooit zes man zo verbaasd zien kijken. Die konden niet geloven wat een bleekscheet daar in zijn eentje deed. Tegelijkertijd dachten ze waarschijnlijk dat ik knettergek moest zijn om daar te komen en dat leverde me ook een soort respect op. In de hoek zaten wat wijven in bikini een beetje verveeld te kijken en te doen. Het was geen bordeel, het was meer een soort clubhuis van die gangsters. Ik zeg: *"Hi guys, everything okay?"* Geen antwoord en ze gaan gewoon verder met poolen. Een kwartier later zit ik met een van die meisjes, heel knap en helemaal mijn type, in de taxi terug naar het hotel.

De volgende dag ging ik met Ed en Anna op safari, dus zat ik met dat meisje opgescheept. Ik had geen idee van waar ze woonde, en zij waarschijnlijk ook niet. Je had daar geen straatnamen of iets dergelijks. Zij was helemaal in haar sas, want we zaten in een mooi hotel waar zij nog nooit was geweest. Een collega-dj van mij ziet dat zo aan en besluit dat hij niet mee op safari ging, want dan kon hij mooi op mijn nieuwe vriendinnetje passen. Zij werd door hem aan alle kanten gefêteerd: mooie sieraden, nieuwe jurken, lekker eten, kortom, die had de tijd van haar leven, en hij ook. Negen maanden later krijgt hij een telefoontje van dat meisje. *"Do you want to see your daughter?"* Ai! Het kind kon onmogelijk van mij zijn, want ik weet precies wat ervan kan komen en spuit daarom nooit in vrouwen. Dat is veel te riskant, ik begrijp niet waarom andere mannen het wel doen.

Meestal zijn die ontmoetingen zo vluchtig dat je gewoon geen enkel risico wilt lopen. Je wilt gewoon niet iets achterlaten waar je later last mee krijgt, zoals die keer in Roemenië. Dat is ook een bananenrepubliek, maar dan een Oostblokvariant. Ik moest er draaien op een locatie die heel lang openbleef. Om een uur of zeven 's ochtends nam een andere dj het van me over en was ik toe aan wat zonlicht. Ik neem de trap naar boven en kom terecht in een winkelstraat. Daar loopt een heel mooi meisje dat net naar de bakker was geweest. Ze stond bij het stoplicht te wachten en we raakten aan de praat. Ze vroeg me wat ik daar deed en niet veel later lag ik bij haar thuis in bed, twee straten verderop. Heel maf, het was een keurig, net meisje. Ik ben daar een uur binnen geweest, en ben toen weer terug naar het feest gegaan. Niemand had me gemist. Destijds was ik net overgestapt van vinyl op cd. Dat was een hele operatie om dat over te zetten, ik had daar drie of vier maanden over gedaan. Je moest dan je laptop aan je mengpaneel hangen, en met een speciaal programmaatje nam je dan de platen op. Vervolgens moest je die bestanden weer op cd branden, dat was echt monnikenwerk. Maar goed, na die show ging ik meteen door naar het vliegveld en bij thuiskomst kwam ik erachter dat ik mijn cd-map was vergeten. Die lag nog ergens op die locatie, maar heel de boel daar was al ontmanteld en afgebroken. Kon ik helemaal opnieuw beginnen.

In het buitenland heb ik me nooit onveilig gevoeld, behalve een keer in Colombia. Ik werd met Rowdy geboekt in Cali en zo'n corrupte bende als daar was ik nog nooit eerder tegengekomen. De uitgaansindustrie trekt over heel de wereld criminelen aan omdat ze er makkelijk geld kunnen witwassen, maar zo open en bloot als dat in Colombia gebeurde was echt bizar. Die trip begon al vreemd: we waren in een hotel gestald waar alleen maar creeps rondliepen. Het was niet bepaald een familiehotel, het zat vol met gasten die je niet wilt tegenkomen in een donker steegje. Sommigen hadden zelfs tatoeages op hun voorhoofd om te laten zien dat ze bij een bepaalde gang hoorden. Na een lange reis lag ik doodvermoeid te slapen, tot ik ineens wakker werd van harde doffe knallen. Dit waren geen rotjes, maar pistoolschoten. Of het nou van buiten kwam of vanaf de gang, ik had geen idee, maar ik wist wel dat ik er moest wegwezen. Ik open de deur van mijn kamer en word direct teruggestuurd door de bewaker van het hotel. Het was doodeng. Het enige wat ik kon bedenken was een kast voor mijn deur schuiven zodat niemand meer naar binnen kon, plus een telefoontje plegen naar Anna. Bleek dus dat die eigenaar van dat favela-hotelletje een kennis was van de organisator, en het hem een goed plan leek om ter promotie van dat 0 sterrenhotelletje ons daar een nachtje te laten verblijven. De hoteleigenaar had het voor het gemak maar even uitgebreid aangekondigd in die achterbuurt dat er een westerse megaster bij hem kwam logeren. Gevolg: drie jochies van een jaar of veertien op crossfietsjes die ons daar kwamen overvallen en vanaf de straat op het hotel en de bewaker met pistolen begonnen te schieten. Gelukkig had de bewaker een machinegeweer en schoot daarmee die jongens terug de favela in. De volgende dag zaten we in het Radisson SAS hotel. Stukken beter.

Die avond draaiden Rowdy en ik in een of andere club die helemaal vol stond met vip-tafels. Aan iedere tafel zaten drie of vier gasten en die werden omringd door bloedmooie vrouwen. Het waren van die modellentypes, nou dan weet je het wel. Dat waren betaalde vriendinnen. Op een gegeven moment kwam de politie binnen. Drie man in vol ornaat en met zoveel medailles dat het leek alsof ze eigenhandig de Eerste, de Tweede en de Tachtigjarige Oorlog hadden beslist. Bij de bar kregen ze een dikke enveloppe en net zo snel als ze waren binnengestormd, waren ze weer weg. Volkomen corrupt dus. Maar kennelijk zat er te weinig in die enveloppe, want een paar uur later kwam de politie weer terug en moest de tent ineens dicht. Vrij bizar. Het publiek vond het de normaalste zaak van de wereld, maar wij keken elkaar verwonderd aan. Moesten we nou echt stoppen met draaien? De eigenaresse, die ons had geboekt, kwam naar ons toe en zei dat het feest werd voortgezet bij een gast die aan een van de vip-tafels zat. Dat was een zware jongen, een echte *narco*-koning. Tja, op dat moment ben je niet in de positie om vragen te stellen, wij kregen betaald om er te draaien en daarmee was de kous af. Volgens die Colombianen dan.

We pakten onze platen en stapten buiten in een grote zwarte SUV. Die gozer had daar een stuk of vijf van en in colonne reden we eerst langs wat huizen om nog meer vrouwen op te halen. Eenmaal op de snelweg sloegen we ineens af naar een onverharde weg en reden we zo de jungle in. Na een half uur lang hotseknots rijden zagen we een poort met bewapende bewakers, precies zoals in de serie *Narcos*. De bewakers wierpen een blik in de auto en we mochten verder tot we bij een groot landhuis aankwamen. Het was een haciënda, een ranch met een uitgestrekte tuin met vijvers vol koikarpers. In die tuin stonden ook een aantal hutjes en ons werd duidelijk gemaakt dat als we daar zin in hadden we met een van die vrouwen zo'n hutje in mochten duiken. Dat was een aardig gebaar, maar we waren als de dood dat een van die vrouwen het liefje was van een van die narco-kopstukken, dus Rowdy en ik spraken direct af om hier onze vingers niet aan te branden. Het was echt een cokepaleis, overal zaten mensen te snuiven en niemand keek vreemd op toen er een politiewagen het terrein op reed. Opnieuw werd er een dikke enveloppe overhandigd. Gek genoeg gaf dat ons een veilig gevoel: ze wisten dat wij daar waren en wat er gebeurde. We hebben er een paar uur back-2-back gedraaid, er werd wat gedanst bij het zwembad en daarna werden we weer met zo'n zwarte suv naar ons hotel gebracht. Eigenlijk een hele nette, beschaafde avond bij een topcrimineel thuis.

Het was daar in die tuin veiliger dan toen we de avond erop zelf op pad gingen. Ik, Rowdy en nog een Engelse dj die daar woonde stapten in een taxi, maar die chauffeur sprak geen Engels en wij geen Spaans. "Drink, bar, café," riepen we, in de hoop dat hij dat wel zou begrijpen. "Si, si," zei die gozer, en hij begon heel vrolijk in zijn bakkie te praten. Iets te vrolijk. Ik voelde aan mijn water dat het niet klopte. Rowdy kan nog wel doorgaan voor een buitenlander, maar ik zie er zo Hollands uit als een blok jonge kaas, dus dat is voor hem een wandelende portemonnee. Het leek net alsof die chauffeur aan zijn vriendjes zat door te geven dat hij een enorme buit had binnengesleept en dat ze hem alleen nog maar even hoefden open te snijden. "Stop stop stop," riep ik. We zijn meteen die taxi uitgerend en hebben een andere genomen. Die gozer sprak gelukkig wel een beetje Engels en kende een bar die tot laat in de nacht open was. Dus we reden naar een of ander wijkje, ook weer over onverharde wegen. Rowdy haalt bij de bar een fles wodka en betaalt, maar hij had een stapel Colombiaanse roepies bij zich waar iedereen steil van achterover viel. Binnen twintig seconden stond onze tafel helemaal omringd met vrouwen. Fantastisch! Maar ja, iedereen zat daar te snuiven en te doen en de sfeer werd grimmig. Het leek alsof wij het middelpunt van alle aandacht vormden, al die groucho's zaten naar ons te loeren. Dus die dj werd helemaal zenuwachtig, die vond het niet veilig. Rowdy begon ook al een beetje huiverig te doen, tot die eigenaar van die tent naar ons komt en zegt: "*Guys, guys! You have to leave! Bad people know you are here, you get robbed!*" Werden we achter de bar langs naar buiten begeleid, waar een taxi klaarstond. Intussen kwam de zon weer op en bleken we in een soort favela te zitten. Levensgevaarlijk natuurlijk. De volgende dag verbood die gozer die ons had geboekt ons om nog een keer zomaar de hort op te gaan. Prima, want het was toen alweer tijd om naar huis te gaan.'

UITVALSBASIS

'Na de iT-periode ben ik bij de Omval gaan wonen. Dat was echt een prachtig appartement. Ik heb er vijf jaar gewoond en heb er nog steeds spijt van dat ik er ben weggegaan, maar ik moest wel. Dat zat zo. Ik lag op bed en mijn slaapkamer grensde aan de galerij. Ik hoorde wat gemompel, keek uit het raam en zag daar wat gasten met messen en pistolen staan. Gelukkig had ik tralies voor mijn deur en ramen. Het waren uiteraard crimineeltjes die mij wat aan wilden doen, maar dat ging ze niet lukken, want ze konden dus niet naar binnen. Destijds scharrelde ik met de vriendin van een bekende bokser die in het criminele circuit zat. Ik wist dat hij daarachter was gekomen en ik heb nog steeds het vermoeden dat het uit die hoek kwam. Maar goed, ik voelde me toen zo ongemakkelijk dat ik me genoodzaakt voelde om te verhuizen. Beter dat dan opgewacht worden en een nekschot krijgen. Een half jaar later werd die bokser zelf vermoord, maar ja, toen zat ik al in Almere.

Op zich was het een fijne plek. Ik wilde even in rustiger vaarwater belanden en Almere leek me een goede uitvalsbasis. Het was een fantastisch huis, een penthouse van twee verdiepingen met rondom overal glas, 270 vierkante meter en dat op 15-hoog. Het was een soort aquarium en ik kon het voor een relatief prikkie kopen, namelijk een tonnetje of zes. Voor het raam had ik van die sterrenkijkers staan, daarmee kon je gewoon zien wat er in Amsterdam gebeurde. Ik had toen het idee dat groter alleen maar beter was, maar dat viel vies tegen. Ik kwam erachter dat ik liever in een kartonnen doos lag op een plek waar het ertoe doet, of in ieder geval op een plek waar je het naar je zin hebt, dan in een megapenthouse in Almere-Buiten. En dan ook nog eens in de punt van Almere-Buiten, dus tegen de Oostvaardersplassen aan. Leuk als je 65 bent, maar niet als een van de populairste dj's van Nederland. Overigens is het voor heel veel andersoortige mensen heel goed toeven daar verder, hoor. Na een half jaar heb ik het te koop gezet, en toen duurde het nog een jaar voordat het daadwerkelijk werd verkocht.

In de krant las ik over een eiland bij Amsterdam waar een complex zou komen met een mooi penthouse. Dat leek me wel wat. Toen ik vanuit Almere naar IJburg verhuisde, toen IJburg nog een zandvlakte was, had ik zo'n 15.000 platen. Maar ja, bijna iedereen was al overgestapt op cd's, en ik begon dat ook te doen. Ik heb toen een grote bus gehuurd, heb die platen daarin geflikkerd en heb ze over heel IJburg in van die grote vuilcontainers gegooid. Daar werd toen veel gebouwd, dus er stonden overal van die grote bakken. Het waren allemaal nummers uit de jaren negentig en ik kon niet vermoeden dat dat later allemaal nineties classics zouden zijn en dat ik die dus opnieuw zou gaan draaien. Ik heb gewoon goud weggegooid. Zeker tachtig verhuisdozen vol, allemaal verdwenen. Het was 2002, en er waren al wel een paar ninetiesrevivalfeestjes, maar ik zag me daar absoluut niet gaan draaien. Ik ben dj, dus ik draai wat er op dat moment in is. Geen flauw benul dat er zo'n grote ninetieshype zou ontstaan inclusief een hele industrie rond feesten.

Uiteindelijk heb ik dertien jaar op de Erich Salomonstraat gewoond. Dat was te lang, want al na zeven jaar wilde ik er weg. Die woning was veel te bedacht, het leek wel een showroom. Het was een hele grote ruimte, opgedeeld in een woonkamer en een slaapkamer. Die slaapkamer had een megabadkuip van drie bij drie waarin je ook kon douchen. Ontzettend onhandig, want het water ging alle kanten op. Om dat bad te vullen had ik twee grote ketels staan en dat leverde een energierekening van 1200 euro per maand op. Ik heb de Nuon opgebeld om te checken of het wel klopte. Daar hadden ze nog nooit zoiets meegemaakt. In het plafond zaten ook nog eens 64 hallogeenspotjes die dag en nacht aanstonden. Dan telt het snel op. Er kwamen ook nog servicekosten bij, het was niet meer te doen. Ik had daar alleen al 5000 euro aan vaste lasten, absurd natuurlijk. De wasbak was van roestvrij staal en na één keer wassen zat alles onder de vlekken. Met de binnenhuisarchitect had ik bedacht dat de woonkamer helemaal grijs moest zijn, dus echt gezellig was het niet. Alles was zo steriel ontworpen dat je elk stofje zag liggen, ik werd er helemaal gek. Die woning werd een molensteen om mijn nek.

Ik ging weer verder kijken en kwam uit bij een nieuwbouwproject, ook weer op IJburg. Opnieuw een penthouse, maar nu met uitzicht op het water. Er waren wat gegadigden, maar die ontwikkelaar gunde het mij. Intussen had ik ook een koper voor mijn huis. Dat was Ruud Wildschut, een kerel van wie ik ooit een Ferrari had gekocht. Die gozer woonde in Monaco en was op zoek naar een pied-à-terre in Amsterdam. Handig, want hij was bezig met een speedbotenmerk voor de *rich and famous* en moest daarvoor regelmatig in de hoofdstad zijn. Mijn woning daar was een soort uit de klauwen gewassen hotelsuite, dus dat was perfect voor hem. Hij kwam kijken en was meteen enthousiast. "Ik wil het hebben," riep-ie. Vervolgens hoorde ik niks meer van hem. Ik helemaal in de stress. Een week later belt zijn personal assistant op – tevens zijn vriendin – en bleek dat hij tijdens een potje tennis dood was neergevallen. De koop ging niet meer door en dezelfde week werd de bouw van het nieuwe penthouse gecanceld vanwege de crisis. Dus ja, toen ben ik er nog maar even blijven zitten.'

TE LAAT

'Een tijdje terug belde een bedrijf op met de vraag waar een kennis van mij was gebleven. Ik had geen flauw idee, maar wat bleek: ze had op het werk verteld dat ik haar vriend was. Die dag was ze niet verschenen en ze vroegen zich dus af waar ze was. Diezelfde nacht gaat om 01.30 uur de bel. Staat de politie voor de deur. Ik schrik me rot, ik dacht eerst dat er nog wat boetes openstonden, maar dan komen ze natuurlijk niet 's nachts langs. Of ik de heer Engelaar was en of ik wist waar mijn vriendin was. Bleek dat ze ook tegen haar broer had gezegd dat wij een relatie hadden. Nadat ik die agenten uitlegde dat dit niet het geval was, vertelden ze dat dat meisje was overleden. Op dat moment wisten ze nog niet hoe, dus het was een soort moordonderzoek waarmee ze bezig waren. Of ik er bezwaar tegen had als de recherche langs zou komen. Ja, dat zag ik niet zitten. Moest ik me ineens gaan verdedigen dat ik haar vriend niet was. Heel vreemd.

Binnen een paar dagen kwamen ze erachter dat ze een hersenbloeding had gehad. Heel treurig, ze was van mijn leeftijd. Ik kende haar vanuit de iT en ze ging nog steeds fanatiek uit. We appten regelmatig, maar hadden dus absoluut geen relatie. Maar ik beschouwde haar wel als een vriendin en ging naar haar uitvaart. Die zou van 12.00 tot 13.00 uur duren met aansluitend nog een soort receptie waar je de nabestaanden kon condoleren. Uiteindelijk kom ik daar om 12.45 uur aan en staan al die mensen voor de aula. Het was een halfdonker meisje en ik zag wat mensen staan die erg op haar leken, dus dat waren natuurlijk haar broer en zus. Met die broer had ik contact gehad over wanneer en waar de begrafenis was, maar ik had hem nog nooit in het echt gezien. Het was in het najaar, de zon scheen. Het waren een stuk of twintig mensen en ik kende niemand. Ik had gehoopt op wat anderen uit het iT-tijdperk, maar helaas. Ik ben er maar bij gaan staan en dacht dat ik wel aangesproken zou worden. Toevallig kende ik Barry, de uitvaartondernemer aldaar. Die komt op me af en vraagt voor wie ik er ben. Dus ik leg uit dat ik afscheid kom nemen van een oude vriendin uit de iT. O, zegt-ie, over vijf minuten komt de auto, dan kunnen jullie daar achteraan lopen. Uiteindelijk wij terug de aula in, en niemand sprak mij aan. Iedereen janken natuurlijk en glazig voor zich uitkijken.

Inmiddels waren we een half uur verder en ik vraag aan een meisje wie nou eigenlijk de broer is. Zegt dat meisje: "Een broer? Ze heeft helemaal geen broer!" Wat bleek: stond ik op de verkeerde begrafenis! Helemaal achter die rouwstoet aan gelopen, heel de begrafenis meegemaakt. "Maar Rochelle had toch een broer?" Nou, het was dus niet Rochelle die daar begraven werd. Ik ben toen meteen die aula uit gevlucht. Bleek de begrafenis van Rochelle veel korter te hebben geduurd dan gepland vanwege een geringe opkomst. Dat condoleren was allang achter de rug. Pas toen begreep ik waarom al die mensen me zo raar aankeken.

Dat is nou typisch een voorbeeld van wat er kan gebeuren als je altijd te laat bent. Maar soms is er overmacht in het spel en kan ik er echt niks aan doen. Mensen hebben geen idee hoe vaak 's nachts hele snelwegen worden afgesloten. Met name in de zomer is het raak. Soms moeten we dan 60 kilometer omrijden. En even lekker 170 gaan, zodat je die verloren tijd kunt inhalen, is er ook niet meer bij. De politie is er gewoon op uit om mensen zoals wij, die 's nachts van a naar b moeten, te pakken, terwijl ze doodleuk alle wegen dichtgooien. Mijn werk wordt onmogelijk gemaakt. Maanden van tevoren maken we een schema met alle optredens, maar tegenwoordig kun je nergens meer komen en hebben die schema's geen zin meer. Vroeger reden we er nog wel eens doorheen, door zo'n afsluiting. Al die wegwerkers werden dan helemaal gek. Gingen ze schelden en met pionnen gooien. Terecht natuurlijk.

Een keer had ik een heel belangrijke boeking en bleek de snelweg afgesloten. We moesten wel rechtdoor, anders konden we

40 kilometer omrijden. Dus wij toch die oprit op en we konden zeker tien kilometer zonder problemen door racen. Even later bleek waarom die weg was afgesloten: ze waren een brug aan het vervangen, dus het wegdek hield ineens op. Tot grote ontsteltenis van ik weet niet hoeveel wegwerkers kwamen we daar aanrijden. Die geloofden hun ogen niet. Ik vertelde dat we gewoon de navigatie hadden gevolgd, maar zei niet dat we alle versperringen opzij hadden gezet om erlangs te komen. Het opperhoofd van die wegwerkers wist natuurlijk wel dat ik uit mijn nek kletste, maar hij herkende me en vond het wel lachen. Hij is met zwaailichten aan tien kilometer mee teruggereden om ons bij de eerstvolgende afrit af te leveren.

Overdag kan het natuurlijk ook drama zijn. Ik moest om 16.00 uur op Tomorrowland draaien, het grootste dancespektakel van België. We vertrokken om 11.30 uur vanuit Amsterdam, dat is ruim op tijd. Het was alleen maar drama op de weg, file hier, file daar, overal file! Waren we er pas om 17.00 uur, te laat voor mijn optreden! Megabalen. De week erop stond ik er weer, toen was ik wel op tijd en heb ik het goedgemaakt met een hele dikke set.'

'Soms komen we ergens te laat vanwege opstootjes. Laatst stopten we bij een tankstation waar net een hele kamperfamilie stond met van die woonwagens. Ik was kats van de kaart en moest ontzettend nodig pissen, dus ik duik de bosjes in. Komt er zo'n kerel op twee meter afstand naast me staan. Dat vind ik supervervelend, want dan kan ik niet meer pissen. Dus ik roep dat-ie ergens anders moest gaan pissen, en dat-ie wat afstand moet houden. Ik loop terug naar de auto en in één keer staat heel die familie voor mijn neus. Van klein tot groot. Rowdy stond nog te tanken en zag dat. Een van die gozers deed zijn horloge af, gaf hem aan een maat en begon te schreeuwen: "Hé, jij moet niet zo'n grote bek hebben hè! Anders stomp ik hem dicht!" Dus Rowdy komt tussenbeide en zegt: "Oké, jullie gaan die kant op, wij gaan de andere kant op en het is klaar." Er stond ook nog een klein meisje bij dat zei: "Papa, doe maar niet, doe maar niet." Treurig hoor. We hebben geen tijd voor dat soort onzin, want we moeten weer door naar de volgende boeking. Dan wil je geen knokpartij met vijftien Romazigeuners. De truc is om in dit soort gevallen, als het zo even schuurt, te vertrekken voordat het uit de hand loopt.

Dat moet ook wel, want anders staat alles direct op internet. Soms zijn mensen er ook op uit om met een lopende camera een reactie te ontlokken. Laatst ook in Zeist. Begon een gozer flauwe opmerkingen te maken, die staat je dan gewoon uit te dagen. Vroeger gaf je zo'n ventje dan nog wel eens een duw, maar dat kun je nu niet meer maken. Als er nu wat gebeurt, dan lost Rowdy het diplomatiek op en dan is het klaar. Wij zijn zelf bijna altijd zwaar relaxed naar iedereen en alles en hebben derhalve zelden tot nooit echt problemen. Maar het blijft het uitgaansleven. Mensen hebben te veel gedronken, worden vervelend en gaan problemen veroorzaken. In de dertig jaar dat ik draai loopt het 99 van de 100 keer goed af. Dat is best een nette score. En bij die ene keer loopt het dan net fout af omdat ik zelf iets stoms doe. Bij de Manhattan in Arnhem bijvoorbeeld. Ik liep om 05.00 uur naar buiten en die club is gelegen in een smal straatje met een aantal cafés en shoarmazaken. In dat steegje liepen twee politiepaarden naast elkaar. Daar kom je niet zo makkelijk langs. Ik had een paar drankjes op en roep dat die wout dat kutpaard bij zich moet houden. Maar wat is nou het geval: ook een paard is een ambtenaar in functie. Toen kwamen van drie verschillende kanten agenten in burger aan die me arresteerden en werd ik in een arrestantenbus gegooid. Rowdy probeerde de deur nog open te trekken, maar dat lukte niet. Toen heb ik dus een dag vastgezeten omdat ik een paard had uitgescholden. En natuurlijk werd dat ook allemaal gefilmd, maar gelukkig had ik een capuchon op.'

APART KAMERTJE

'Portiers kunnen niks meer tegen die irritante gozers doen. Die zijn zo hun vergunning kwijt. Een klap met de vlakke hand mag niet meer. Vroeger, bij de Hemkade of Marcanti, werd je even in een apart kamertje genomen en kreeg je op je sodemieter.' Rowdy Stralendorff rijdt al sinds 2003 voor Jan. Ooit begonnen als dj Rico Favella, vandaag de dag een mixed martial artsvechter met een eigen onderhoudsbedrijf. 'Tegenwoordig moet je als portier eerst een mes tussen je ribben krijgen voordat je iets terug mag doen. Anders heb je meteen de politie voor de deur. Hierdoor hebben die vervelende gasten steeds meer vrij spel, want die gastjes weten ook wel dat die portiers niks mogen.' En dat betekent dat Rowdy heel af en toe een opstootje moet sussen met een van zijn specialiteiten. 'Praten, dat werkt het beste. Gewoon een beetje lullen.'

Hij en Jan raakten ooit aan de praat in Rhythm Import. 'Ik was resident-dj in een aantal clubs rond Utrecht. Jan vroeg of ik met hem meeging om voor hem in te draaien. Dat leek me wel wat, want hij was natuurlijk een grote naam. Toen we in Dordrecht voor een volle tent stonden vroeg hij of ik het even van hem wilde overnemen omdat hij naar de wc moest. Prima, dus ik draai lekker door. Ging hij dus helemaal niet naar de wc, hij wilde gewoon zien hoe ik het deed. Kennelijk was ik geslaagd, want Jan zette mij daarna overal neer. Dance Valley, buitenland, ik kon altijd mee. Hij helpt mensen gewoon graag. Ik ging vroeger nooit op vakantie, maar dankzij Jan ben ik op plekken geweest waar ik anders nooit was gekomen.'

Ray Postma is ook een vaste chauffeur van Jan en treedt vaak op als tourmanager. 'Ik heb intussen drie jaar aan wachten verspild voor de deur van Jan. Dan wil hij zich nog even scheren, of erger nog: sprayen. Dan moet je naar die berging van hem en zijn rug sprayen met van dat bruiningsmiddel. En dan lopen we al 20 minuten achter op schema!' De tijd wordt vaak onderweg ingehaald, al dan niet legaal. 'We gingen vanuit Rotterdam naar Hoofddorp. Daar staat drie kwartier voor, maar we hadden maar 25 minuten. Dus wij vol gas over de A4. We reden echt hard, over de 200 kilometer per uur. Het was midden in de nacht, er was niemand op de weg. Behalve de politie. Ik moest aan de kant en mijn rijbewijs laten zien, maar dat lag bij Jan thuis. Ik zeg dat ik mijn papieren niet bij me heb en die agent kijkt op zijn horloge en zegt: "Het is 02.40 uur, u bent aangehouden." Op dat moment springt Jan uit de auto en schreeuwt: "Aangehouden? Aangehouden? Er wordt helemaal niemand aangehouden!" Die agent, echt zo'n sacherijn met een snorretje, wordt pissig en zegt dat Jan terug in de auto moet omdat hij anders ook problemen krijgt. Dus Jan terug de auto in, en ik hoor hem tegen mijn vriendin zeggen: "Jij rijdt, we halen Ray morgenochtend wel op." Ja, toen ging ik door het lint, ik ging echt niet mee naar het bureau.

Gelukkig wist ik mijn sofi-nummer uit mijn hoofd en in combinatie met een foto was het voor dat moment voldoende. Jan pruttelde nog wat na – "Waarom wil niemand met mij op de foto?" – en we konden weer op weg. Het mooie is: ik heb er nooit meer wat van gehoord.'

Het feit dat Ray voor Jan is gaan rijden heeft hem een hoop werk opgeleverd. 'Ik ben steeds meer tourmanagement erbij gaan doen. Dat varieert van het bijhouden van social media tot het factureren van boekingen. En niet alleen voor Jan, want ik werk ook voor Brace en Ali B. Dankzij Jan heb ik een goed netwerk kunnen opbouwen.'

ZIELSGELUKKIG

'"Wat doe je dan doordeweeks?" vragen mensen me regelmatig. Het antwoord is simpel: ik doe wat ik leuk vind. En in het weekend ook. Dat is niet wat de meeste andere mensen doen. Ik heb mijn leven nu zo ingedeeld dat ik van alles blij word wat ik doe, elke seconde, elk moment van de dag. En doordat ik op die manier zo geniet van het leven, verveel ik me nooit. Ik vind mijn weekenden uiteraard geweldig, maar niemand ziet hoe zielsgelukkig ik ben met mijn relatief eenvoudige doordeweekse leven. Een buitenstaander zou zeggen dat dat leven weinig behelst en dat klopt. Het is heel basic. Goed bekeken doe ik dan niet veel omdat ik weet dat ik daar het gelukkigst van word. Ik ga naar de sportschool, ik kijk mijn filmpjes, heb mijn privéafspraken en sociale leven en dat is voldoende. Ik heb zo'n ontzettende hekel aan dat grachtengordelidee van dat je jezelf altijd moet blijven ontwikkelen. Waarom? Waarom zou ik me in het korte leven dat ik leid allemaal dingen op de hals halen die me niet aanstaan? Ik zie niets in cursussen of opleidingen. Mijn ontwikkeling vindt vanzelf plaats. Naarmate ik ouder word, krijg ik steeds meer inzichten. Daar hoef ik geen boek voor te lezen. Ik verdiep me in de dingen die ik leuk vind door er documentaires over te bekijken. Ik kijk liever naar een scherm dan dat ik met mijn neus in de boeken zit.

Het enige wat ik op tv kijk is Discovery Science met programma's als *Strip The Cosmos* en *How The Universe Works*. Waar komen we vandaan? Waar gaan we naartoe? Daar ben ik al van kinds af aan mee bezig en ik heb er een eigen theorie over ontwikkeld. Na jarenlang over dit onderwerp te hebben gefilosofeerd heb ik bedacht wat het meest logische is dat er gebeurt na de dood. Alle aspecten van het menselijk lichaam dienen een doel. Ogen heb je om te kijken, oren om te luisteren en ga zo maar door. Maar één ding blijft een raadsel: de hersenen. Daar krijgt niemand grip op. Waarom wij als enig zoogdier een besef en verstandelijk vermogen hebben, dat weet niemand. Daarnaast hebben mensen dromen, heel je leven lang. Ik denk dat die dromen direct gerelateerd zijn aan een of andere vorm van leven na de dood. Sommige mensen beweren dat dromen een manier is waarop je geest gebeurtenissen van die dag verwerkt, maar dat denk ik niet. 90 procent van je dromen is namelijk nieuw en zijn fantasieën die je nog nooit eerder hebt beleefd. Ik ben er daarom van overtuigd dat het een andere realiteit is en dat je na je dood in een soort droomwereld terechtkomt in plaats van in een fysieke hemel. Parallelle universums zijn een voorbeeld van de laatste wetenschappelijke inzichten op dat gebied en ik volg dat op de voet. Die dromen van nu zijn een soort voorbode van wat komen gaat. Als je slapend op bed ligt en je maakt allemaal avonturen mee, dan kan je geest dat ook als die eenmaal je lichaam ontstijgt. Het is een permanente droomtoestand.

Misschien word ik ooit opnieuw tot leven gewekt, want ik wil me laten invriezen, dat lijkt me fantastisch. Dat kan in de Verenigde Staten. Je kunt heel je lichaam laten doen voor drie ton en alleen je hoofd voor 90.000 dollar. Er zijn bedrijven die miljoenen investeren om het verouderingsproces tegen te gaan. Je kunt je leven laten oprekken, ze verwachten dat binnen één generatie voor elkaar te krijgen. Binnen nu en een eeuw zitten ze tegen onsterfelijkheid aan. Ik zal dat dus net niet meemaken helaas. Ik ben niet iemand die 150 wil worden, ik wil gewoon helemaal niet dood. Er is hier zoveel te beleven. Ik ben zo nieuwsgierig naar de rest van het universum en ben nog lang niet klaar. De vergankelijkheid en de daarmee gepaard gaande dood en het kansloos eindigen in het niets, kan en wil ik maar niet accepteren. Invriezen is dus een serieuze optie. Misschien dat ze over tweehonderd jaar zover zijn dat ze je dan weer tot leven kunnen wekken. Dat invriezen klinkt als een wanhoopspoging, maar stel dat het lukt, dan heb je het goed voor elkaar. Het is razend interessant, ondanks de ijdele hoop die ik heb dat er nog iets is na de dood.

Ik kan gemakkelijk vier uur achter elkaar naar natuurdocumentaires kijken. Die verslind ik, ik heb er zelfs hele dvd-reeksen van. Zelf de natuur in gaan komt er eigenlijk weinig van, maar ik ben me er altijd wel van bewust, van de ongekende pracht van de natuur om me heen. Als we na een optreden bijvoorbeeld naar huis rijden en er hangt om 06.00 uur 's ochtends een mysterieuze dauw en mist boven de weilanden, dan vraag ik of we even kunnen stoppen en dan ga ik bij zo'n weiland even staan genieten. Hoe kats van de kaart ik ook ben. Die jongens die met me meerijden begrijpen daar niks van. Of ik zie een ooievaar op een lantaarnpaal langs de snelweg, of een sperwer die bidt boven een akker, ja, dat vind ik prachtig. Als ik meer tijd zou hebben, dan zou ik naar bijzondere plekken gaan om daar de natuur te bewonderen.

Wat die Darwin heeft bedacht, dat kan gewoon niet kloppen. Het kan toch niet zo zijn dat wij van apen afstammen? Een aap was 10 miljoen jaar geleden een aap en is dat nu nog steeds. Een kwal was 20 miljoen jaar geleden een kwal en nu ook nog steeds. Een krokodil is nog steeds een krokodil! Goed, er zijn misschien wat veranderingen door het eetpatroon of de omgeving, maar een krokodil wordt na 10 miljoen jaar toch geen walvis. Waarom zouden apen dan neanderthalers worden en daarna mensen? Het is gewoon kolderiek. Dan zou iedere aap nu een mens zijn. Het contrast is simpelweg te groot. Er moet iets anders gebeurd zijn. Wij zijn als mens gewoon zo al op de aardbol gekomen. Ik ben niet van de traditionele hemel of God, maar er is wel een hogere macht, een hogere intelligentie die alles heeft geschapen. Met de vrouw als hoogtepunt, haha.

Dat Tinder is trouwens een geweldige uitvinding. Iedereen weet waar het om draait en het is gewoon prijsschieten. Meestal speel ik een thuiswedstrijd zonder verlenging, dus na de seks mogen ze weer vertrekken. Dat levert nooit problemen op. In de meeste gevallen is het eenmalig, maar er zijn altijd uitzonderingen, zoals die Braziliaanse die een tijdje mijn minnares werd. Dat was de overtreffende trap van porno. Die pakjes die ze droeg waren ongekend: lingerie, netkousen, alles. Als zij voorbijliep, brak iedereen zijn nek van het omkijken. Na een jaar ging ze helaas weer terug. Kreeg ik een berichtje van haar vanuit Brazilië: "Jean, ik moet je wat bekennen. Ik heb hier een jaar als highclass escort gewerkt, maar ik kwam elke week bij jou terug omdat de seks met jou bizar goed was. Zoiets heb ik nog nooit meegemaakt." Ik had werkelijk geen flauw benul dat zij een escort was. Mooi compliment toch, van een echte pro?'

10

DE RADIOCARRIÈRE

'Toen de iT sloot viel ik niet in een zwart gat. Het viel me eerst wel even zwaar, want het was mijn thuis. Maar er ging een hele nieuwe fase van mijn carrière in. Ineens kon ik wél overal in het land en in het buitenland draaien. Het echte gekkenhuis begon toen pas echt. Ik ging veel meer verdienen. In de tijd van de iT was het 4000 gulden per maand, en dat werd 30.000. Ja, toen konden er plotseling Ferrari's worden gekocht. Of nou ja, eerst een Porsche, toen een Ferrari, daarna Aston Martin gevolgd door een Maserati. Een 3200 GT, een hele slechte auto waar ik slechte herinneringen aan heb.

Ik had dankzij Wessel van Diepen een eigen programma bij 538 gekregen. Eind jaren negentig had ik een vast gastuur bij *Van Diepens Dance Department*. Ik mixte dan een uur lang live de nieuwste platen en in 2002 vond Wessel het tijd dat ik een eigen programma kreeg. Dat leek me helemaal niks. Ik vond dat ik niet kon presenteren en dat ik helemaal geen radio-dj was. Ik had wel eens als tiener bij de illegale zender Keizerstad een programma gemaakt. Die zender zat in Arnhem en had een dependance in Rhenen. Dat was een louche arbeidershuisje waar ieder moment de politie kon binnenvallen. Degene die dat beheerde was Hendrik van Nellestijn, die had een bedrijf dat radiojingles maakte en was weer een goede vriend van Robin Albers. Die

Hendrik reed in een dikke BMW en was een soort bezienswaardigheid in Rhenen. Ik was destijds nog bezig met Italo-disco en kreeg van hem een disco-uurtje op zondagmiddag. Dat was non-stop plaatjes draaien. Aan het begin van de show zat een jingle, en aan het einde. Ik kwam niet aan het woord en startte gewoon alle plaatjes in. Niemand wist dat ik dat uurtje vulde. Maar ik vond dat prima, want ik dacht dat ik niet kon presenteren.

Toen Wessel begon over een eigen show dacht ik dat dus nog steeds. Bovendien was ik bang om voor lul te staan. Een clubdj die een radioshow presenteert? No way! Tijdens het draaien pakte ik nooit de microfoon. Daar heb je mc's voor. Ik heb het idee van een eigen programma heel lang af weten te wimpelen, maar Wessel bleef aanhouden. Misschien wilde hij wel van mij af in zijn eigen show. Ik had er geen vertrouwen in, maar uiteindelijk heb ik het toch gedaan. Wessel zag het helemaal zitten, Erik de Zwart vond het cool en ik kreeg ook nog goed betaald.

Al mijn mixen nam ik in één keer op, dus in één take, ondanks al die nieuwe platen die ik elke week draaide. Daar ben ik heel trots op. Misschien wel het meest trots van alles wat ik in mijn carrière gedaan heb. Vijftien jaar heb ik alle shows in één keer gemixt zonder iets over te moeten doen. Er is geen mens op aarde die dit weet of opvalt, maar voor mij is het heel belangrijk. Het is het bewijs van mijn eigen kunde. Er is geen andere dj die dit kan. In al die jaren heb ik dus nooit een dusdanige fout gemaakt dat ik opnieuw moest beginnen. Ik geef het je te doen om met totaal onbekende platen een uur lang foutloos te draaien. Eerst nam ik het op een DAT'je op, later met een cd-recorder. Dan ging ik op donderdagmiddag met die cd naar 538 en namen we daar de *talks* op. Dat waren anekdotes die ik opnam met een technicus. Die monteerde dat dan door die mix heen. En het bizarre is dat ik juist massa's complimenten kreeg voor mijn articulatie en volzinnen, terwijl ik daar eerst zo onzeker over was.'

LUCRATIEVERE DEAL

'Die Maserati parkeerde ik voor de deur van 538, waarvan Lex Harding eigenaar was. Die was behoorlijk gecharmeerd van mijn auto. "Als je hem ooit wegdoet, laat het me weten!" zei hij op een dag. Maar die auto was niet goed, er was iets met de aandrijfas waardoor hij niet harder kon dan 180 kilometer per uur. Op topsnelheid ging hij keihard piepen en suizen. Best lullig voor een Maserati. Het kon niet worden hersteld, want niemand wist waar het aan lag. Ik zat dus met een sportauto opgescheept die niet hard kon. Bovendien viel hij regelmatig uit met een motorstoring, ik werd er knettergek van. Toen moest ik slim handelen, want ik kon die auto niet inruilen bij de garage. Die zouden meteen merken dat er iets mis was. Dus ik naar Lex Harding: "Lex, raad eens? Ik doe mijn auto eruit!" "O echt?" Hup, verkocht. Heel dom, want ik was zijn werknemer en zou hem dus nog regelmatig tegenkomen. Toen begon Wessel zich er op een lacherige manier mee te bemoeien. Die zei dat Lex me niet meer bij 538 wilde hebben vanwege die auto. Ik balen, want ik vond dat programma fantastisch om te maken. Toen 538 inderdaad afscheid van me nam, dacht ik nog steeds dat het vanwege die Maserati was, terwijl de nieuwe directeur van 538 een veel lucratievere deal kon sluiten met Tiësto. Ik kostte alleen maar geld, terwijl Tiësto sponsors meebracht.

Het feit dat ik aan de kant werd gezet om plaats te maken voor mijn grootste concurrent maakte me woest en gefrustreerd. Ik kon niet geloven dat een partij waarmee ik jarenlang een band had opgebouwd, en waar ik loyaal aan was, mij opzijschoof voor een concurrent. Daar heb ik echt slapeloze nachten van gehad. Normaliter maak ik me niet zo druk, maar als mijn dj-eer wordt aangetast, dan hang ik in de hoogste boom. Het was een van de meest frustrerende momenten uit mijn leven. Tijdens het afscheidsgesprek met de zender deed ik alsof het me allemaal niet kon boeien, maar vanbinnen vrat ik me helemaal op. Ik was vertiefd omdat ik een goed beluisterd programma had dat ik met veel plezier maakte en omdat ik moest wijken voor Tiësto. Maar ja, bij 538 was een nieuwe directeur aangetreden en die moest even zijn stempel drukken. Jan-Willem Brüggenwirth was dat. Een paar jaar later heb ik genoten van het feit dat hij eruit werd gegooid, zo wraakzuchtig kan ik zijn. Maar toen waren ze van mening dat er maar één danceprogramma van een bekende dj kon worden uitgezonden. Nu wordt die hele zender ermee gevuld, destijds hadden ze aan één genoeg. Tiësto was vanaf dat moment op mijn tijd, op mijn plek te horen. Vrijdagavond, van 23.00 tot 00.00 uur. Dat heeft me echt geraakt. Maar die frustratie was nergens voor nodig, want er zouden nog zeven veel leukere jaren volgen bij SLAM!FM.

DOEMSCENARIO

'538 was de grootste zender die zich veel met dance bezighield. Intussen kon ik even aan de slag bij Caz!, daar heette het programma *Madhouse @ Midnight*. SLAM!FM was groter, maar daar durfde ik niet aan te kloppen, want wie was daar de baas? Lex Harding! Dus ik bel Wessel om tekst en uitleg te krijgen over het

Maserati-verhaal. Wessel zegt dat er helemaal geen oud zeer is, het was gewoon een geintje van hem, dus een week later ging ik er langs en kreeg ik een eigen show: *DJ Jean @ Work*. SLAM! was het warmste bad dat ik ooit heb gekregen. Het was een rebellenclub van jonge mensen die tegen de gevestigde orde aanschopten. Het was heel absurd wat daar gebeurde. Aan het einde van de week werd er geborreld, gezopen en werd het een gekkenhuis. Heel anders dan bij 538. Dat was intussen een miljoenenbedrijf geworden waar iedereen in de pas liep. De feesten die SLAM! organiseerde waren fantastisch. Ik had het zwaar naar mijn zin, het werd een soort familie. Met directeur Jacqueline Bierhorst kon ik het prima vinden, net als met Ivo van Breukelen en Daniël Lippens, die nu overigens bij 538 zitten. Het was zeven jaar lol, tot het bericht kwam dat SLAM!FM overgenomen werd door, jawel, 538. Een doemscenario. 538 kocht zijn grootste concurrent op, Bierhorst werd er uitgeknikkerd en ik mocht mijn programma nog een jaartje behouden tot heel het station werd omgebouwd tot een kweekvijver voor jong talent. Iedereen boven de dertig moest vertrekken, ik dus ook.

Daarna kon ik aan de bak bij Veronica, maar dat was van korte duur. Fresh FM nam het programma over tot die zender failliet ging. Toen zat ik een tijdje bij Decibel, maar in 2016 stopten ze met dance. Toen had ik er wel een beetje genoeg van. Hoeveel mensen luisteren er nou midden in de nacht naar een danceprogramma? De markt is overvoerd. Dance kun je overal streamen of downloaden. Maar SLAM!FM is nu weer afgestoten door 538, en onlangs sprak ik de huidige directeur. Ze gaan zich richten op dertigplussers en misschien is er een kans dat ik er weer een rol kan vervullen. Niet noodzakelijk, maar wel leuk.'

NIEUWE RELEASES

'Een radioprogramma is voor mij de ultieme stok achter de deur om elke week op zoek te gaan naar nieuwe muziek, het dwingt me om verse tracks te luisteren. Als die noodzaak er niet is, dan sla ik gemakkelijk één, twee of soms zelfs drie weken over. Maar als ik een show heb, dan ga ik iedere maandagnacht op zoek. Dan ga ik eerst naar de sportschool en duik ik vanaf 23.00 uur achter de computer tot een uur of 05.00 in de ochtend. Ik heb een ontzettende hekel aan het beluisteren van al die nieuwe releases. Het neemt ontzettend veel tijd in beslag. Ik moet in mijn stijl muziek ongeveer duizend platen per week beluisteren. Vroeger had je per week tussen de 50 en 150 nieuwe releases, en dan was er al een selectie gemaakt door de platenzaak. Het is dus nu veel lastiger om de krenten uit de pap te vissen. Beginnende dj's bieden wel eens aan om een eerste selectie te maken van al die mp3'tjes, maar ik wil alles zelf horen en het beste er uithalen. Daar ligt mijn kracht als dj.

Van die duizend platen koop ik twintig platen voor de radio. Daar zitten dan ook twee tot tien platen tussen die ik in mijn sets draai. De rest is opvulling. Ik luister alles. Ook de zesde track van een ep, dat kan net het pareltje zijn waar je naar op zoek bent. Ik haal nu alles van Beatport, hoewel collega-dj's steeds vaker Spotify gebruiken. Beatport ben ik gewend en ik kan altijd moeilijk afstand doen van iets wat voor mij werkt. De omslag van vinyl naar cd, en vervolgens naar mp3 heeft bij mij telkens jaren geduurd. Hetzelfde geldt voor het draaien in de iT. Ik had bakken met geld kunnen verdienen door eerder het land in te trekken, maar de iT was voor mij het summum. De leading club van de wereld. Beter dan dat kon het niet worden.'

VAN DIEPENS DANCE DEPARTMENT

Wessel van Diepen maakte met sidekick Erik Kross jarenlang op zaterdagavond *Van Diepens Dance Department*. Van Diepen: 'Jean had tussen 20.00 en 21.00 uur een vast uurtje waarin hij live een set draaide. Dat was verschrikkelijk leuk. Hij kwam altijd het uur daarvoor langs om eerst even een drankje te doen en om te vertellen wat hij die week ervoor allemaal had beleefd. Dat waren schaamteloze verhalen vol humor. Zo herinner ik me een anekdote over een meisje dat hij had leren kennen via de telefoon. Internet of Tinder had je toen niet, maar er waren wel babbelboxen, dat was toen heel populair. Je belde dan een nummer, kwam in een groepsgesprek terecht en als je elkaar leuk vond, kon je een apart gesprek starten door een nummer in te toetsen. Dus hij had een beetje geil met een meisje zitten praten en afgesproken dat zij direct bij hem zou langskomen. Even later belt ze aan en om bij zijn appartement te komen, moest je eerst een lange trap op. En Jan hoort wel dertig keer: *boem, pok. Boem, pok.* Verschijnt er ineens een jongedame met een kunstbeen. Dat heeft hem er uiteraard niet van weerhouden om een romantisch uurtje te beleven. *Boem, pok*, een klassieker.'

Wessel en Erik gingen regelmatig mee op pad als Jan ergens moest draaien. In Parijs bijvoorbeeld. 'En een keer moest hij draaien op een afterparty in L'Opéra, waar David Guetta destijds de scepter zwaaide. Na onze uitzending stapten Erik Kross en ik in de auto en reden we in een keer door. In drieënhalf à vier uur waren we er. Jean was daar al met zijn vrienden René en Harm. In L'Opéra was het één groot feest en al snel werd het een beetje een vage toestand. Jean en ik hadden allebei een BMW en op de terugweg gingen we tegen elkaar racen. Bij een stoplicht smeerde ik nog een broodje met mayo op z'n voorruit, dat soort geintjes waren redelijk standaard. Even later kwamen we bij zo'n zelfde type tunnel als waar Lady Di verongelukt is, maar dan in de andere richting. Jean kiest op het laatste moment voor de rechtertunnel en wij daar in een noodvaart achteraan. Maar mijn auto kwam los van de weg en slipte. Stonden we ineens achterstevoren in die tunnel met een afgebroken voorwiel. Het was een verschrikkelijk klap, maar we moesten keihard lachen. Jean is met zijn auto achter ons gaan staan om het verkeer te waarschuwen met z'n knipperlichten, en wij hebben als een gek dat wiel verwisseld voordat de politie kwam. Zo helder waren we dan nog wel. Eenmaal terug in Nederland realiseerde ik me dat er ook nog een jas vol pillen in m'n auto lag. Dat was niet goed afgelopen als ik ook nog eens daarmee was opgepakt.'

BESTE TER WERELD

Vanaf 2002 kreeg Jean tussen 23.00 en 00.00 een eigen programma op 538, vernoemd naar zijn eigen clubavond: *Madhouse*. 'In Nederland was hij de eerste house-dj met een eigen radioprogramma. Dat leek ons erg goed, voor hem en voor de zender. We vroegen hem omdat hij de beste was. Als je een voetbalteam moet samenstellen en je kan Cruijff vragen, dan vraag je Cruijff. Voor hem was het interessant omdat hij een nog groter publiek kreeg en hij kon meteen reclame maken voor de plek waar hij dat weekend moest draaien. Zijn mixen maakte hij altijd live, heel knap.'

Volgens Van Diepen was Jean op een bepaald moment misschien wel de beste dj ter wereld. 'Zijn manier van draaien was ongekend, Amerikaanse en Engelse dj's konden dat niet. Jean liet hiphoptechnieken los op house en creëerde zo een nieuwe sound. En hij zette bijvoorbeeld de treble en het volume van de ene plaat zonder dat het opviel telkens net wat zachter en vervolgens mixte hij de volgende er keihard overheen. Dan kreeg je echt zo'n euforisch moment. Dat in combinatie met de iT leverde een unieke situatie op. Je had daar fantastische dj's die konden putten uit muziek die zeer creatief was, muziek die bovendien op dat moment bijna alleen in Nederland werd gedraaid en iedereen ontdekte net de pillen. Als je nu twintig bent, realiseer je je niet wat een grootheid Jean toen was. Hij was een pionier qua draaien en platenkeuze. Daar besteedde hij veel tijd aan. Hij ging naar allerlei verschillende platenzaken en pikte altijd de goede platen eruit. Dat kan niet iedereen. Dan ging er meteen een sticker overheen zodat je niet kon zien welke plaat het was. Hij kon ook drie keer op één avond dezelfde plaat draaien. Zo maakte hij er een hit van. Daarna was het spoorzoeken voor de liefhebbers. Die stonden dan in de platenzaken nummers na te zingen.' Volgens Erik Kross is er nog een andere factor die het succes van Jean verklaart: 'Sommige dj's willen een heel verhaal met hun set vertellen. Jean niet, hij maakt er een feest van waarbij je ook uit je dak gaat als je alleen maar aan het bier zit.'

CLUBHUIS

Erik en Jan kwamen elkaar wekelijks tegen bij Rhythm Import in Den Haag, waar onder andere Tjerk Coers van 1998 tot 2010 achter de toonbank stond. Tjerk: 'Het was een clubhuis voor dj's. Daar ontmoetten ze elkaar en er werd flink genetwerkt. Als onbekende dj kon je ervoor zorgen dat je daar een boeking kreeg. Of je gaf elkaar mixen en vroeg dan om feedback.'

Elke week legden Tjerk en zijn collega Ron van Druten een stapel platen opzij voor Jan. 'Hij kan als geen ander de pareltjes eruit plukken. Dat is vakmanschap. Hij kan precies bedenken hoe een plaat klinkt tussen andere platen. Hiervoor moet je op de beats letten en analyseren hoe die track in elkaar steekt. Daar is Jan ontzettend goed in. Wij maakten al een selectie voor hem door tracks uit te zoeken die bij hem pasten. Ook hielden we rekening met waar hij die week stond. Moest hij draaien op Trance Energy, dan kreeg hij van ons de grootste tranceklappers van dat moment en kon hij kiezen wat hij wilde.' Maar bij sommige hits had Jan juist geen interesse. 'Heel af en toe wilde hij een plaat niet hebben terwijl die wel aansloeg in de clubs en bij collega-dj's. Dan zag hij er gewoon te weinig in. "I Wanna Be U" van Chocolate Puma is zo'n voorbeeld. Uiteindelijk zette hij hem wel op zijn mixcompilatie, maar dan in een hele andere remix dan de mainstreamversie die toen populair was.'

Dat Jan alles zeer goed beluisterde, bleek eens te meer toen hij wekenlang een plaat draaide, en iedereen die wilde hebben maar niemand wist van wie die plaat was. Tjerk: 'We kregen er zoveel vragen over, dat we het uiteindelijk maar aan Jan zelf hebben gevraagd. Was het de B-kant van "Artificial Dust" van

Orion Groove Project, een plaat die bij Star Traxx was verschenen, het eigen label van Rhythm Import!'

11

NOG ÉÉN KEER KNALLEN

"'Dit is mijn jas! Dit is mijn jas!" Marcello bleef het maar roepen. We draaiden in de Bells Club in Amstelveen, de plek waar hij ooit begon. Een kwartier nadat ik het van hem had overgenomen, pakt Marcello z'n spullen en doet hij mijn zwarte DSquared-jas aan. "Ik ga naar huis!" zegt hij. Dus ik: "Ja, leuk maar doe even mijn jas uit. Dat is mijn favoriete jas, geen grappen nou." Maar Marcello heeft z'n platentas vast, zwaait even en wil er echt vandoor gaan. Met mijn jas aan. Ik was verbijsterd en kon niks doen, want ik stond te draaien en had dus mooi voor lul gestaan als ik die jas ging terugpakken. Ik roep een van mijn jongens en zeg dat ze Marcello onder geen beding moeten laten weggaan. Zij gaan met z'n vieren om Marcello heen staan en ik zie hem vanuit mijn ooghoeken druk doen. "Dit is mijn jas!" Naast me staat MC Prime en die pakt nog een jas onder de dj booth vandaan. Precies dezelfde als Marcello aanheeft. Ongelooflijk. Dezelfde maat, hetzelfde model en hetzelfde merk. Een jas die nota bene nooit in Nederland is verkocht. Blijken wij, de twee bekendste dj's van die legendarische iT, bijna dertig jaar later rond te lopen in dezelfde jas. MC Prime kwam niet meer bij van het lachen. Intussen stond Marcello nog steeds klem en moest ik door het stof. Ik zeg: "Kijk eens wat toevallig." Hij: "Zie je wel! Dit is mijn jas!"

Als je me in 1991 had verteld dat ik dertig jaar later nog zou draaien – nog afgezien van dat ik dat met Marcello zou doen – dan had ik dat nooit geloofd. Maar ja, ik moet geld verdienen en ik ben dj van beroep. Sommigen worden multimiljonair, de meesten niet. Ik had er een kunnen zijn, maar dat is niet gebeurd. Ik ben nooit verstandig met geld bezig geweest. Mijn huizen heb ik altijd met verlies verkocht. Of omdat ik er snel vanaf wilde, of omdat het een slechte tijd was om te verkopen. Bovendien laat ik die huizen altijd dusdanig verbouwen dat er niemand meer kan wonen behalve een of andere geflipte vrijgezel.

Daarnaast ben ik jaarlijks duizenden euro's kwijt aan aanmaningen, bekeuringen en belastingen. Administratie is mijn achilleshiel. Dan leggen ze weer beslag op mijn rekeningen vanwege een openstaande factuur van 73 euro voor de hosting van mijn website. Kon ik een week lang niks pinnen vanwege zeven tientjes! Onlangs heb ik mijn boekhouding weer moeten doen, want ik had wat achterstand. Er kwamen zelfs bonnetjes van 2015 tevoorschijn. Eén keer in de drie maanden leeg ik mijn brievenbus en dan pleur ik alles in een Albert Heijn-tas, zo'n stevige. Als ik er vier heb met een kop erop, bel ik mijn boekhouder. Dat is altijd te laat, dus ik heb nu echt de intentie om elke week wat aan mijn administratie te doen. Of nou ja, mijn boekhouder komt voortaan elke vrijdag langs om de post op te halen. Als hij tijd heeft.

Ik heb wel aan het miljonairschap mogen ruiken. Eind jaren negentig had ik ongeveer 1,2 miljoen gulden. Daar was ik ontzettend blij mee, want dan hoef je je dus geen zorgen meer te maken over de toekomst. Maar toen werd de euro ingevoerd en was het uit met de pret. Als je 40 miljoen gulden had, dan werd het 18 miljoen euro, dat is prima te overzien. En 500 gulden werd 230 euro, dat is dan ook niet zo erg. Maar ik ging ineens naar 5,4 ton en daar kun je je leven niet mee uitzitten, terwijl dat met 1,2 miljoen gulden denk ik wel was gelukt. Destijds was het de trend om te beleggen. Ik kon in een, zoals ze dat noemen, treintje stappen, en dan had je na vijf jaar een rendement van 7 tot 10 procent. Twee ton investeerde ik in een aandelenpakket, maar dat bleek een soort woekerpolis te zijn. Een jaar voordat ik eruit zou stappen stortte de beurs in. In plaats van een extra ton had ik 30.000 euro aan negatieve rente plus extra kosten, en naar die twee ton inleg kon ik fluiten. Die klap ben ik nooit meer te boven gekomen. Mijn vermogen heb ik niet meer aan kunnen vullen, het is altijd tonnetjeswerk gebleven. Let wel: daar ben ik superblij mee, want 99 procent van de wereldbevolking heeft het minder, maar het is niet zo dat ik kan rentenieren.

Ik heb ook nooit bijgehouden of ik wel goed werd uitbetaald voor mijn platen en compilatie-cd's. Als ik in mijn dagelijkse levensonderhoud kon voorzien, dan vond ik het al prima. Dat zie je vaker bij artiesten, die hebben hun financiële zaakjes nooit goed voor elkaar. Ik had een eigen label: iT Records bij Rhythm Import. Manfred keurde dat goed, hij vond het mooi dat er een label met die naam was en wilde geen vergoeding voor het gebruik van het merk iT. Ik hield me totaal niet bezig met de financiële huishouding en droeg alleen de platen aan die op het iT-label moesten verschijnen. Het was heel succesvol, maar ik heb er nooit een cent van gezien. Als ik langsging bij Rhythm Import dan kwamen er allemaal smoesjes van dat er nog overal voorraad was, dus dan taaide ik weer af en ging ik weer lekker draaien. Ook met al die compilatie-cd's ben ik met een fooitje afgescheept. Ik kreeg 5000 euro per cd, terwijl er minimaal 40.000 stuks per editie van werden verkocht. Ik zag er wel af en toe wat van terug op mijn afschriften, maar dat kan nooit hebben geklopt. Dat was geen zuivere koffie. Ik ben in dat opzicht een lapzwans geweest, dat extra geld interesseerde me niet genoeg. Ik ben een veelvoud van wat ik nu aan vermogen heb misgelopen.

Ik ben vaak benaderd door horeca-eigenaren om te investeren in clubs en kroegen. Dat heb ik helaas nooit gedaan, dat leek me allemaal gedoe en daar had ik geen zin in. Van die tweeënhalve halve ton per jaar die ik verdiende hoefde ik geen vijf ton te maken. Ik wilde me geen eventuele perikelen en problemen op de hals halen. Slim was dat niet, anders had ik me nu de ballen uit m'n broek gelachen. Hetzelfde geldt voor onroerend goed. Erick E en Roog hebben wel pandjes gekocht en verdienen nu aan de huur. Ik lijd altijd verlies aan mijn woningen. Vorig jaar ben ik weer voor een halve ton het schip in gegaan met mijn penthouse. Ik kocht het voor 475.000 euro, heb het verbouwd voor twee ton en weer verkocht voor 615.000. Op het appartement waar ik nu zit kan ik wel een ton winst maken, maar daar wil ik niet weg.'

ALLES KWIJT

Maron Hill is al een jaar of vier de vaste mc van Jan en kent hem intussen als geen ander. 'Jan vergeet altijd wel iets tijdens zo'n nacht draaien: zijn koptelefoon, een USB-stick of een mapje met cd's, hij laat het overal slingeren. Als er tijd voor is, rijden we terug en anders wordt het nagestuurd. Maar hij wordt helemaal gek als hij zijn telefoon kwijt is. Daar kan hij absoluut niet mee omgaan, dan raakt hij echt overstuur.' Zoals op Ibiza, waar de twee waren geboekt om op een bruiloft te draaien. 'Ze hadden een beachclub op een afgelegen strand afgehuurd, dus we hoefden niet met buren rekening te houden en konden flink los. Aan het eind van de nacht, het was al bijna ochtend, komen we weer in ons hotel aan. De wodka had rijkelijk gevloeid, dus wij waren kats van de kaart. Maar toen kwam Jan erachter dat hij zijn telefoon niet meer bij zich had. "We moeten terug naar die beachclub, we moeten terug!" was zijn reactie. Dus wij die weddingplanners bellen met de vraag of ze direct een auto voor ons konden regelen. Nou, na veel geharrewar lukte dat, maar Jan was veel te bezopen om te rijden, dus dat deed ik maar. Ik heb geen rijbewijs, dus konden ze dat ook niet afpakken. Die strandclub was natuurlijk allang dicht. Na flink trekken aan de deur lukte het om naar binnen te sluipen, maar helaas, geen telefoon. Toen zijn we over het strand gaan lopen om te kijken of die telefoon daar lag. Ineens zegt Jan: "He, we zijn toch ook nog naar een afterparty geweest?" Waren we helemaal vergeten dat we met een tourbus naar een club in de hoofdstad waren gegaan. En toen begon het te dagen: we zaten achter in die bus en Jan was naar voren gelopen om te gaan mc'en door de microfoon die normaal de gids gebruikt voor zijn praatje. De kans was dus groot dat zijn telefoon ergens tussen de achterbank lag. Maar ja, er rijden 160 van die bussen rond op Ibiza. Na wat heen en weer gebel wisten we ongeveer welke we moesten hebben en zijn we naar het verhuurbedrijf gegaan waar al die bussen stonden. Intussen was het bloedheet en moesten we in de brandende zon al die bussen checken. Uiteindelijk hebben we die telefoon gevonden, maar ongelooflijk, wat hadden wij een kater. Geen slaap, een hoop stress, maar toch een telefoon. Kansloos.'

Eenzelfde soort geintje haalde Jan ook uit in Polen. Na het draaien in een club in Katowice had hij zijn tas in een taxi laten liggen. Daar zat alles in: paspoorten, cd's en tickets. 'Kon ik terwijl hij zijn roes lag uit te slapen op zoek naar die ene taxi. Na anderhalve dag en tientallen telefoontjes kwam het goede nieuws: de tas was terecht.' Het is ook voorgekomen dat Jan iets was vergeten nog voordat hij moest draaien. 'Op Koningsdag hadden we eerst een boeking bij iemand die een tuinfeest gaf en daarna moesten we door naar SLAM!FM in Alkmaar. Komen we daar aan, blijkt de cd-map nog op dat tuinfeest te liggen. Gelukkig kon iemand van SLAM! even snel wat muziek op een stickje zetten. Niet ideaal, maar het kon niet anders.'

Volgens Maron is het altijd lachen met Jan. 'Hij is een hele komische vent. Dat gaat heel de dag door. Op Tomorrowland kwamen we David Guetta tegen. Jan herkende hem niet, andersom wel. Vraagt Jan aan mij wie dat is. Mooi is dat, die Guetta had net twee ton verdiend met een uurtje draaien! Het enige wat Jan zegt is: "Wat ziet die Guetta eruit, hè?"

Dat Maron zelf ook dj is geweest komt een enkele keer goed uit. 'We hebben wel eens zes boekingen in een nacht gehad. Iedere keer kregen we een fles wodka mee en dat ging allemaal op. Bij die zesde boeking ging bij Jan het licht uit. "Goos, maak jij het af, ik kan niet meer." Toen was het gewoon klaar. En de volgende dag wist hij er niks meer van.'

'Aan auto's heb ik nooit meer dan een ton uitgegeven. Ik heb ook nog nooit een nieuwe sportwagen aangeschaft. Mijn duurste was een tweedehands-Ferrari 360 Modena, die kostte 99.500 euro. Maar al zou ik miljoenen hebben, dan is nog steeds een ton de grens. Daarboven is het niet meer leuk. De Maserati die ik nu heb kost nieuw 228.000 euro. Ik vind het dan prachtig om die wagen voor een fractie van de nieuwprijs te kopen, dus zeg voor 60 of 70.000 euro. Hij komt uit 2009, maar hij is zo goed als nieuw. Als je zulke sportwagens koopt als ze rond de vier tot zes jaar oud zijn, dan zitten ze aan hun ondergrens en rijd je er niet meer zoveel af. Dat is de truc. Die Maserati verkoop ik straks weer voor hetzelfde geld. Je kan een Audi RS3 kopen, maar voor dezelfde prijs heb je een tweedehands-Ferrari of -Maserati die waardevast is. Ik rij dus eigenlijk gratis.

Mijn uitgavenpatroon is nooit exorbitant geweest. Ik doe geen rare dingen, ik koop niet elke maand een nieuwe jas van 1000 euro of sieraden met diamanten. Ik ga ook nooit naar hoerenclubs om daar champagne van duizend euro te drinken. Geef mij een flesje Smirnoff van tien euro en ik ben blij. Ik ben snel tevreden, maar ik hoop wel dat ik dit zo kan uitzitten. Ik zet niks opzij, want ik heb een heel variabel inkomstenpatroon. Wat er overblijft, blijft er over. Ik probeer mijn vermogen niet aan te spreken en mijn vaste lasten te voldoen. Per maand moet ik minimaal 10.000 euro omzetten, dus in dat opzicht begeef ik me op glad ijs. Dat is een erfenis van het verleden, want ik had een torenhoge hypotheek met een flinke rente.

Intussen zijn de inkomsten flink gedaald doordat er veel meer dj's zijn en er steeds meer clubs en discotheken sluiten. Tachtig procent van de clubs in Nederland is verdwenen. Dat komt natuurlijk doordat roken verboden is en de jeugd pas op latere leeftijd mag drinken. Ten tweede zijn er heel veel festivals bij gekomen waar iedereen veel geld uitgeeft. Dat geld kan je niet meer uitgeven in clubs, dus die gaan dicht. Grand cafés springen nu in dat gat: vier- tot vijfhonderd man, goed licht, goed geluid. Laagdrempelig. Het is leuk in die grand cafés, het is er vol en gezellig. Ik draai liever in een vol café dan in een lege club. Met grote festivals gaat het ook steeds minder: de lokale festivals zijn in opkomst. Het entreegeld is lager, je kent er iedereen en er zijn ook vaak verschillende stages. Ik heb nog steeds heel veel boekingen, maar ik verdien er nu gewoon minder mee. Dan kun je dus niet meer elk jaar een nieuwe supersportwagen kopen. Hoeft ook helemaal niet, want daardoor waardeer ik wat ik heb des te meer en prijs ik mezelf nog steeds gelukkig met zo'n bevoorrecht leven. Ik vind het fantastisch om in sportwagens te rijden, maar als dat niet meer kan, dan stap ik net zo makkelijk in een Golfje, want daarmee kom ik ook van a naar b.

Ik snap wel waarom veel jonge Nederlandse dj's in het buitenland zijn gaan zitten. Als ik een ton verdien, verdwijnt meer dan de helft richting de belastingen. Als je zoals die nieuwe generatie miljoenen verdient, dan is het de moeite waard om over de grens te kijken. Maar ik kan het niet over mijn hart verkrijgen om daarover te klagen. Een vakkenvuller moet een heel jaar werken om net zoveel te verdienen als ik in een maand. Vergelijk je het met Nederlands bekendste dj's, dan is het een fooi, maar ik kan ermee doen wat ik wil. Ik hoef geen vier Ferrari's en vier huizen in het buitenland te bezitten.

Het belangrijkste is het aantal boekingen. Vooralsnog gaat het goed, al is het geen vanzelfsprekendheid. Over vijf jaar kan het allemaal anders zijn. Aan alles komt een eind, maar ik hoop dat het met mij nog wel even duurt. Vroeger riep ik dat ik na mijn vijfenveertigste niet meer zou dj'en, maar ja, ik had geen flauw benul dat mijn publiek met mij mee zou groeien. Dat had je vroeger niet, dan ging je niet meer op stap na je dertigste. Als je in de jaren tachtig als veertigjarige in een club rondliep, dan werd je gek aangekeken. Nu is er een generatie die net zo gek is als ik. Bijna net zo gek dan. Mensen van veertig gaan nog steeds naar festivals, dat is de housegeneratie. Daarvoor bestond dat niet en daar heb ik heel veel geluk mee. Maar ik wil die nieuwe generatie ook voor me winnen. En daar moet ik wel wat voor doen.'

DIPJE

'Draaien is mijn zuurstof en dus mijn leven. Ik wil blijven draaien tot ik er bij neerval. Daarbij hoort ambitie. Een half jaar geleden zat ik even in een dipje. Ik had stress van mijn verhuizing en ik moest mijn carrière weer op de rails krijgen. Vroeger bemoeide iedereen zich met mij, en nu moest ik er zelf op uit om met anderen aan de slag te gaan. Ik kreeg pas laat in de gaten dat ik van mijn luie reet moest komen. Na het succes van "Every Single Day" in 2004 ben ik in slaap gevallen en scoorde ik een tijd geen hit meer. "Mijn vijftienjarige neefje heeft nog nooit van jou gehoord," zeiden mensen om me heen. Toen wist ik: ik moet ingrijpen, want anders verlies ik het contact met de nieuwe generatie. En op dat moment gebruikte Ronnie Flex mijn naam in zijn nummer "Tankstation". Perfect, want ik kwam even in de belangstelling en leerde niet veel later ook de rappers Donnie en Eenhoorn Joost kennen. Die artiesten zijn heel sterk in het gebruik van social media.

Daarom heb ik hun hulp ingeschakeld, ik heb ze gevraagd of ze me een beetje kunnen betrekken bij dat online hypende gedoe met die jongeren. Zij beheersen dat hele YouTube. Dat zagen ze wel zitten en ik mocht meedoen in de clip van hun remix van "Vroom", van Famke Louise. Helaas had ik me die opnamedag verslapen. Ik moest om 14.00 uur in Eindhoven zijn bij het huis van Johan Vlemmix, maar ik werd wakker om 16.00 uur. Iets te veel gezopen de dag ervoor. Ik zit nu in een clip van Donnie en Mr Polska en ik word van alle kanten daarop aangesproken. Het is blijkbaar heel belangrijk om dat soort dingen te doen. Zo kom ik bij een doelgroep in beeld waar ik anders geen contact mee zou hebben. Eenhoorn Joost promoot mij weer tijdens interviews. Als hem wordt gevraagd naar zijn favoriete dj's, dan noemt hij mij even. En ze zijn van plan om een eigen versie van "Every Single Day" te maken.

Laatst wilde op de Dance Fair in Utrecht een gastje van vijftien met me op de foto. Die is nog te jong om mij te kennen van het uitgaan, dus dat moet via dat onlinegebeuren zijn. Mijn strategie werkt en het balletje is gaan rollen, ik zit in onlineshows als *Stuk tv* en *Club Hub* en waar ik voorheen bedankte voor tv-programma's doe ik ze nu vaak wel. Tegen *Adam & Eva Vips* en *Gevaarlijke Wegen* zeg ik dan weer nee, net als voor het derde jaar op rij tegen *Expeditie Robinson*. Dat laatste programma is goed voor je naam, maar ik ben ontzettend claustrofobisch en ik heb hoogtevrees. Dat in combinatie met mijn angst voor grote groepen, maakt het onmogelijk om eraan mee te doen. Die claustrofobie heb ik met name als ik een autogordel moet dragen, dat doe ik dus nooit. Ik ga ook nooit in een attractie zitten waarin je met een beugel wordt vastgezet.

Zelfs op seksueel gebied speelt het een rol. Veel vrouwen zijn dankzij *Fifty Shades of Grey* van de sm en bdsm en die stellen dan voor om me vast te binden. "Ah, toe nou, dat is lekker spannend..." Nou, never nooit niet. Ik heb ooit in De Waakzaamheid in Koog aan de Zaan mijn verjaardag gevierd. Die tent zat ramvol en mijn vrienden hadden een stripact geregeld. Moest ik met een blinddoek op een stoel op die vrouw zitten te wachten. Wat een suf idee, moet je net mij hebben met mijn bloeiende seksleven. Het deed me helemaal niks. Maar ik dacht: laat ik hun feestje niet verpesten en het gewoon meespelen. Ik zat daar geblinddoekt en mijn handen werden op mijn rug vastgebonden. Ik hield het niet meer, dat ging niet gebeuren. Die vrouw heeft zich nog nooit zo snel uitgekleed, want ze had wel in de gaten dat ik het niks vond. Ik doe zelfs nooit de plee op slot. Als ik in een club moet pissen, dan neem ik een van mijn jongens mee en die gaat voor de deur staan. Die claustrofobie komt door een droom die nooit uit mijn hoofd is verdwenen. Op mijn zesde droomde ik dat ik begraven was in een muur, ik lag in een soort la. Ik heb nooit begrepen wat dat was, tot ik twintig jaar later zo'n zelfde begraafplaats zag op National Geographic. Bleek het zo'n Zuid-Amerikaanse begraafplaats te zijn, brrrr.'

ICONISCHE STATUS

'Sinds kort heb ik voor het eerst in mijn leven een management in de arm genomen. Voorheen vond ik het niet nodig, want ik had in Nederland een enorme sterrenstatus. Ik had geen idee dat iemand anders voor jou bezig kon zijn met de volgende stap in je carrière. Dat kreeg ik pas in de gaten toen Armin van Buuren en Tiësto aan de hand van David Lewis de wereld veroverden. Nederland was hét land waar het gebeurde op dancegebied, en ik was er de nummer één dj. Ik had geen kijk op wat er om me heen speelde. Bovendien was ik veel te eigengereid om naar anderen te luisteren. Ik ben nooit een netwerker geweest, mijn wereld was dus eigenlijk vrij klein. Nu sta ik daar anders in, want ik wil internationaal nog een potje breken en dan moet je gesteund worden door anderen.

Mijn manager is Peter Gelderblom, gepokt en gemazeld in de dancewereld. Hij is clubeigenaar en dj geweest en heeft nu een waanzinnige studio in Maassluis. Bij Peter werk ik aan mijn zoveelste dj-leven. We zijn volop aan de slag met nieuwe tracks zodat ik binnen twee jaar weer over heel de wereld kan draaien, en dan niet alleen in Polen en Noorwegen. Ik zal nu iets harder mijn best moeten doen om dat voor elkaar te boksen. Vroeger kon ik een nummer uitbrengen en dan werd dat sowieso opgepikt vanwege mijn status. Dat zie je nu ook bij Afrojack en Hardwell. Iedere nieuwe plaat van hen komt op de radio, ongeacht de kwaliteit. Mijn plaat moet dus net wat dikker zijn. Dance is tegenwoordig ook zo'n ondoordringbare wirwar van ellende geworden. Er komen zoveel slechte dingen uit dat je juist met een goede plaat opvalt.

Maar goed, het is de sport om als dj je carrière zo lang mogelijk te rekken en ik was lange tijd niet in vorm. Ik ben veel te lang te gemakzuchtig geweest, te lui. Een ezel stoot zich geen twee keer aan dezelfde steen, maar deze ezel wel. Al eerder verzuimde ik mee te werken aan het ontwikkelen van mijn internationale carrière, terwijl andere mensen dat aanboden. Ik had op hetzelfde niveau als Tiësto kunnen staan, maar door mijn gemakzucht is dat niet gebeurd. Dat moet ik mezelf verwijten. En die tweede keer was na het succes van "Every Single Day", daar heb ik veel te lang op geteerd. Het is niet handig dat ik tot twee keer toe vijf tot tien jaar heb lopen snurken, maar ik grijp nu mijn laatste kans. Gelukkig heb ik mensen om mij heen die mij daarbij helpen. Nu stort ik me weer vol in de muziekwereld, maar ik pak het wel anders aan. Er staan mensen achter me die zien dat ik heel graag wil en dat ik bereid ben daar ook wat voor te doen. Ik wil nu echt wat vroeger uit mijn bed komen en wat minder zuipen, en dat is voor het eerst in mijn leven. Vroeger luisterde ik nooit naar anderen, want ik ben en blijf een rebel. Maar misschien zit er wel een kern van waarheid in wat ze roepen, misschien moet je in deze miljoenenbusiness iets serieuzer te werk gaan. Nu is het eindelijk zover, ik ben actief bezig. Beter laat dan nooit. Ik zit trouw elke week in de studio en heb intussen zeven platen op de plank liggen. Het is nu menens.

Sinds kort heb ik ook weer een radioshow, bij Wild FM, een zender in Noord-Holland. Dat heb ik puur gedaan om een stok achter de deur te hebben om de nieuwe muziek bij te houden. Voor je profiel hoef je het niet te doen, want er wordt steeds minder naar de radio geluisterd. Nu ik bezig ben met het produceren van nieuwe tracks, moet ik natuurlijk wel weten wat er om me heen gebeurt.

Ik hoop ook nog op een collab met Lil' Kleine en Ronnie Flex. We zullen zien. Ik weet wel dat ik voor het eerst in jaren weer goed in mijn vel zit. Ik was een beetje ingekakt, er gebeurde niks. Ik weet niet wat me de afgelopen vijftien jaar heeft bezield. Het moet wel de ultieme vorm van gemakzucht en verwendheid zijn geweest. De boekingen bleven maar doorgaan en dan ben je zo jaren verder zonder dat je actie onderneemt. Ik heb jaarlijks 200 tot 250 boekingen zonder dat ik er dus iets voor hoef te doen. Maar bij het grote publiek was ik uit beeld. Als je niet uitgaat in het circuit waarin ik draai, dan zie je mij dus niet. Nu verschijn ik weer in de media en dat geeft een soort domino-effect. Laatst nam Irfan van ID&T contact op. Hij zegt: "Jean, ik zie je ineens overal, lekker bezig!" Je bent pas relevant als je jezelf profileert op social media, terwijl ik dacht dat elke week draaien genoeg was. Mooi niet dus. De wereld zit nu anders in elkaar, dat heb ik onderschat.

De uitgaanswereld is ook een stuk preutser en zakelijker geworden. Als vroeger een meisje naar me toe kwam en ze wilde een handtekening, dan kneep ze me gewoon in m'n kont of in mijn lul. "O, wil je mijn lul hebben, prima", en dan haalde ik hem uit m'n broek. Dat moet je nu niet meer proberen, dan zit je een jaar vast. Het is nu allemaal netjes geworden en hierdoor is een leuk aspect van het uitgaan, namelijk het fysieke, verdwenen. Er gebeuren wat minder gekke dingen, zoals die keer in Emmen. Een meisje met rode laarsjes vroeg na afloop van mijn set of ik even meeging naar buiten. Dus wij, hup, de bosjes in. Wij staan daar tegen een hek te neuken en plots klinkt er een ongelooflijk getrompetter en krijg ik een slurf in mijn nek. Stonden we tegen de omheining van het olifantenverblijf van Dierenpark Emmen. Heel bijzonder.

En wat dat zakelijke betreft: tegenwoordig is de eisenlijst van de organisator vaak langer dan die van mij. Zo'n promotor wil dat ik er een half uur van tevoren ben, dat ik geen hardcore draai, dat ik niet te lang doorga, et cetera. Het enige wat ik nodig heb is een fles wodka en 7Up. Een kleedkamer hoeft niet eens. Vergelijk dat eens met die jonge gasten die tafels met sushi bestellen waar geen hap van wordt gegeten. Na al die jaren zien die organisatoren nu toch wel in dat ik een makkelijke dj ben.'

DE MANAGER

In zijn pand te Maassluis klinken nieuwe beats van Major Lazer en aan de muur hangen gouden platen van Ronnie Flex. Oud-dj en horecaondernemer Peter Gelderblom startte in 2015 Temazo Music Group, dat bestaat uit een managementbureau en vijf studio's waar aan de lopende band potentiële hits worden gemaakt. In de jaren negentig bestierde hij samen met zijn vrouw Helen de Boot Barocca en daarna Club Revolution, allebei toonaangevende clubs waar Jean vaak achter de draaitafels stond. Peter: 'Hij draaide er de sterren van de hemel en verslond vrouwen zoals een kind lolly's verslindt. Rond de dj booth stonden altijd een stuk of vijftien dames waaruit hij kon kiezen. En dan gebeurde er dingen die het daglicht niet konden verdragen. Jan had daar allemaal schijt aan. Er waren wel kleedkamers, maar de dj booth was voor hem ook al goed genoeg. Het kwam regelmatig voor dat ik in de iT de dj booth in kwam, hij met van die pretoogjes naar me keek en er een vrouwtje op haar knieën zat. Dan werd hij gewoon gepijpt terwijl hij in een ramvolle tent stond te draaien. Soms vroeg ik me af of hij nou niet eens een keer een vaste relatie wilde. Maar ja, Jan is niet zo'n type. Dan zaten er weer vijf danseressen om 06.00 uur 's ochtends bij hem thuis en kwam hij poedelnaakt op z'n skateboard voorbijgereden. Dat was een van zijn specialiteiten.'

Naast vriend en collega is Peter nu ook de manager van Jan. Een pittige taak. 'Jan kan nog zeker een paar jaar mee, maar dan moet hij wel zijn best doen. Als hij zich volledig geeft aan de muziekwereld dan redt hij het. Ik heb het gevoel dat zijn drankgebruik een stuk minder is geworden. Dat zuipen gebeurt nu alleen in het weekend, maar het zou mooi zijn als het alleen één avond wordt, en vandaar uit eens in de twee weken. Dat zou zoveel beter zijn voor het product DJ Jean, dan is hij veel scherper. Hij had 70 procent meer uit zijn carrière kunnen halen als hij niet aan de wodka had gezeten, hij had wereldwijd een fenomeen kunnen zijn. Maar die drank heeft hem genekt, daardoor is zijn carrière nooit naar een hoger niveau getild. Toen "The Launch" op nummer 1 in Groot-Brittannië stond, moest hij om 11.00 uur 's ochtends in het vliegtuig zitten naar Londen voor een optreden in *Top of the Pops*. In plaats daarvan zat hij op dat tijdstip nog straalbezopen aan de bar van Barocca en ging hij naar huis met een knap vrouwtje. Alle afspraken voor 15.00 uur 's middags kwam hij niet na. In zijn glorietijden lag hij nooit voor 06.00 uur in zijn nest. Hij kon dus nooit gebeld worden voor een radioprogramma of een tv-show en dan loop je een hoop mis. Tiësto is ouder dan Jean maar die hoeft zich geen zorgen te maken over de toekomst. Die draait nog boven in de top mee. Daar had Jan ook kunnen zitten. Maar zo'n Tiësto en Guetta kwamen wel gewoon om 10.00 uur 's ochtends in de studio. Jan niet, want die lag in bed. Professionals in de muziekwereld werken gewoon overdag. Nu doet Jan dat ook. Hij zit hier elke donderdag en is er heel intensief mee bezig. Hij weet precies wat hij wil horen en de producer creëert dat geluid.'

Volgens Peter krijgt Jan niet de waardering die hij als dj verdient. Het gaat altijd over het 'Respect the skills'-filmpje of zijn optreden bij RTL *Live*. 'Maar dat hij Sensation op zijn kop zette, daar hoor je niemand over. Hij was de headliner van de glorietijd. Ik heb wel eens gehad dat ik voorafgaand aan Jan draaide en ik de tent niet op zijn kop kreeg. Jan begint, zet zijn eerste plaat op en de boel ontploft. Als hij gaat draaien gebeurt er wat. Het is een onbeschrijflijk ding. Precies de juiste plaat op de juiste manier ingemixt, zodat iedereen wel móét dansen. Er zijn maar weinig dj's die dat kunnen.'

DANKWOORD

Dit boek was niet tot stand gekomen zonder de kennis, hulp en toewijding van:

Robin Albers, Lucas Boon, Rob Boskamp, Robert Broekhof, Olga Brugman, Tjerk Coers, Dark Raver, Wessel van Diepen, DJ Jurgen, DJ José, René Dubois, Jan Engelaar, Dicky Engelaar, Peter Gelderblom, Jochem Gerrits, Vincent Graat, Koen Groeneveld, Olga Heijns, Kenneth Heuvel, Maron Hill, Oemar Joemman, Lady Bee, Marcello, MC Boogshe, Anna Knaup, Erik Kross, Leonne Mastboom, Natasja Morales, Hendrik van Nellestijn, Outsiders, Peran, Ray Postma, Linda van Rossum, Dimitrie Siliakus, Sander Stoltenborg, Rowdy van Stralendorff, Duncan Stutterheim, Tiësto, Michelle Uitterhoeve, Raymond van Vliet, Jan Voermans, Orson Welsh, Harm Willemsen, Addy van der Zwan, plus natuurlijk degenen die hier niet met naam staan vermeld en natúúrlijk alle trouwe fans. Iedereen superbedankt voor de support door de jaren heen! Love ya all!

Jean
Victor Mastboom

DISCOGRAFIE

SINGLE CHARTS

Singles

Titel	Binnenkomst	Piek	Weken
Let Yourself Go (DJ Jean & Peran)	19/04/1997	45	8
U Got My Love	03/10/1998	51	7
The Launch	27/02/1999	2	17
Love Come Home	08/04/2000	4	13
Lift Me Up	23/06/2001	12	11
Supersounds	30/08/2003	26	9
Every Single Day	02/10/2004	4	22
Feel It	10/09/2005	17	10
Sexy Lady	19/05/2007	17	12
The Launch Relaunched	19/01/2008	2	12
Play That Beat	07/03/2009	6	11
Original Dutch (Quintin vs. DJ Jean)	28/03/2009	41	4
The Bomb (Asino vs. DJ Jean)	18/04/2009	74	7
New Dutch Shuffle	27/02/2010	80	1
Official Kingsday Anthem 2013 (Jean)	04/05/2013	86	1

Albums - Dutch Charts

Titel	Binnenkomst	Piek	Weken
This Masters Choice : DJ Jean Vol. 2	19/04/1997	26	10

Bron: DutchCharts

MADE IN NL
DJ JEAN &
PERAN
LET YOURSELF GO

DJ JEAN
U Got My Love

DJ
JEAN
THE LAUNCH

DJ JEAN
LOVE COME HOME

DJ JEAN
LIFT ME UP

DJ Jean
Supersounds

EVERY SINGLE DAY
DJ JEAN

DJ JEAN
FEEL IT
INCLUDING
UNCENSORED
VIDEO

JEAN
DJ JEAN
SEXY LADY

JEAN
DJ JEAN
THE LAUNCH
RELAUNCHED

DJ JEAN PRESENTS ///
PLAY THAT BEAT
JEAN

MADE NL
QUINTIN VS.
DJ JEAN
ORIGINAL DUTCH

MADE NL
ASINO VS.
DJ JEAN
THE BOMB

DJ Jean
JEAN
New Dutch Shuffle

Official Kingsday Anthem 2013
JEAN

DJ JEAN
from the It Amsterdam
THIS
master's
choice

COMPILATION CHARTS

Compilations			
Titel	Binnenkomst	Piek	Weken
iT - The 4th Album (DJ Marcello & DJ Jean)	30/09/1995	5	10
iT - The 5th Album	16/03/1996	3	10
iT - The 6th Album	13/07/1996	2	13
iT - The 7th Album	14/12/1996	3	10
iT - The 8th Album	03/05/1997	3	10
Around The World With DJ Jean	13/09/1997	11	4
iT - The 9th Album	29/11/1997	7	14
Strictly DJ Jean	16/05/1998	2	13
Strictly DJ Jean - The Ibiza Edition	08/08/1998	1	15
Strictly DJ Jean - The Winter Edition	05/12/1998	8	14
Madhouse	08/05/1999	2	11
Madhouse - The Ibiza Edition	18/09/1999	2	10
Madhouse - The Winter Edition	04/12/1999	8	10
Madhouse Spring 2000	29/04/2000	2	12
Madhouse - The Ibiza Edition 2000	02/09/2000	3	9
Madhouse - The Winter Edition 2000	09/12/2000	15	9
Super DJ	15/09/2001	15	5
Madhouse 2002 Volume 1	13/04/2002	12	5
Madhouse (2004)	14/02/2004	11	9
Madhouse 11	23/10/2004	12	5
Madhouse 12 - Ibiza Edition	20/08/2005	20	3
@ Work	12/04/2008	18	4
Presents Madhouse 2009	21/03/2009	12	4

Bron: DutchCharts

iT
THE 4th ALBUM
MIXED BY DJ MARCELLO & DJ JEAN

ALBUM
MIXED BY DJ JEAN

DJ JEAN

DJ JEAN

IT. THE ALBUM
DJ JEAN

IBIZA > NEW YORK > LONDON > PARIS > BERLIN
DJ JEAN

DJ JEAN

STRICTLY
DJ JEAN

ID&T
TV-2-CD
ARCADE
STRICTLY
DJ JEAN
THE IBIZA EDITION

ID&T
TV-2-CD
ARCADE
STRICTLY
DJ JEAN

TV-2CD
DJ JEAN
MADHOUSE
- mixed by dj jean

TV-2CD
DJ JEAN
MADHOUSE
the ibiza edition
MIXED AND COMPILED BY DJ JEAN

TV-2CD
DJ JEAN
JEANPAGNE
MADHOUSE
the winter edition
MIXED AND COMPILED BY DJ JEAN

TV-2-CD
DJ JEAN
MADHOUSE

dj jean
madhouse

dj jean

SUPER DJ JEAN

'MADHOUSE'
DJ JEAN
MADHOUSE

MADHOUSE
DJ JEAN

MADHOUSE
11

DJ Jean
Ibiza edition

SLAM!FM
DJ JEAN
@WORK

TV CD
DJ JEAN PRESENTS
MADHOUSE
2009
THE VERY, VERY DIRTY HOUSE & ECLECTIC EDITION

HITDOSSIER

DJ Jean

13 noteringen – 10 hitnoteringen

Zie ook: Summer Madness

29-06-96	I Give My Life [1] • *it*			TIP
03-05-97	Let Yourself Go [1] • *it*	23*p*	29	3w
03-10-98	U Got My Love • *mo'bizz*			TIP
06-03-99	The Launch • *mo'bizz*	381*p*	1	13w
08-04-00	Love Come Home • *mo'bizz*	317*p*	3	12w
23-06-01	Lift Me Up • *mo'bizz*	147*p*	9	7w
13-09-03	Supersounds • *mo'bizz*	19*p*	35	4w
09-10-04	Every Single Day • *zzap recordings*	323*p*	7	15w
17-09-05	Feel It • *zzap recordings*	140*p*	8	7w
02-06-07	Sexy Lady • *dancevilla*	93*p*	16	7w
26-01-08	The Launch Relaunched • *dancevilla*	277*p*	7	11w
11-04-09	Play That Beat • *play that music*	36*p*	29	4w
23-01-10	New Dutch Shuffle • *play that music*			TIP

(1) DJ Jean & Peran

Bron: Stichting Nederlandse Top 40

VERANTWOORDING FOTOKATERN

EERSTE FOTOKATERN

Pagina 5 © *De Telegraaf*

Pagina 6 en 7, foto's Dance Tour en Dance Valley © Michel van den Berg, Link2Picture.com

TWEEDE FOTOKATERN

Pagina 1, fotokaarten © Dennis Landman

Pagina 2, Hollebolle Gijs © Edwin Janssen / Back In Shape © Dennis Landman

Pagina 8 © William Rutten, williamrutten.com

De overige foto's zijn afkomstig uit de privécollectie van DJ Jean